Theo Gerstl/Luitpold Leeb
Geländewagen Touren
Band 2: Frankreichs Alpen
Eigenverlag (und Bestelladresse):

© Theo Gerstl und Luitpold Leeb
Riesenburgstraße 60 · 81249 München
Tel./Fax (0 89) 87 50 18

1. Auflage 1997
Alle Rechte vorbehalten

Satz und Druck:
Druckerei Gugath, Kleinhaderner Straße 60, 80689 München
Telefon (0 89) 70 10 81

Dieses Buch erscheint im Eigenverlag und ist
gegen Einsendung eines Schecks über den Gesamtbetrag
von 39,80 DM plus Versandkosten
von 4,50 DM (Inland) oder 12,00 DM (Ausland) an obenstehende
Adresse erhältlich.

ISBN 3-00-001208-7

Geländewagen Touren Band 2

Frankreichs Alpen

Theo Gerstl und Luitpold Leeb
unter Mitwirkung
unseres Scouts Josef Röhrl

13 TOUREN AUF EINEN BLICK

 TOUR 1
 TOUR 6
 TOUR 11

| Le Grand Bornand | 12 | Col de Valbelle | 46 | Col de Tende | 78 |
| Roadbook | 110 | Roadbook | 137 | Roadbook | 161 |

 TOUR 2
 TOUR 7
 TOUR 12

| Lac de St. Guérin | 18 | Zum Col du Parpaillon | 52 | Val de Castérino | 84 |
| Roadbook | 115 | Roadbook | 140 | Roadbook | 165 |

 TOUR 3
 TOUR 8
 TOUR 13

| Col du Mt. Cenis | 26 | Le Grand Parpaillon | 58 | Fort Central – La Brigue | 90 |
| Roadbook | 121 | Roadbook | 146 | Roadbook | 172 |

 TOUR 4
 TOUR 9

| Lac de Serre Ponçon | 34 | Moriez – Lambruisse | 66 |
| Roadbook | 125 | Roadbook | 152 |

13 Roadbooks Übersicht Seite 108

 TOUR 5
 TOUR 10

| Col de la Coche | 40 | Col de Séoune | 72 |
| Roadbook | 133 | Roadbook | 157 |

Großer Infoteil ab Seite 184

INHALT

Touren:

TOUR 1
Le Grand Bornand
Höhenwege über sanfte Almen   12

TOUR 2
Lac de St. Guérin
Schotterpisten über das
Montblanc-Massiv   18

TOUR 3
Col du Mt. Cenis
Rundtour oberhalb der
Baumgrenze   26

TOUR 4
Lac de Serre Poncon
Familientour
im Ferienparadies   34

TOUR 5
Col de la Coche
Der Berg ruft   40

TOUR 6
Col de Valbelle
Bizarre Mondlandschaft   46

TOUR 7
Zum Col du Parpaillon
Die Alternative   52

TOUR 8
Le Grand Parpaillon
Der Klassiker   58

TOUR 9
Moriez – Lambruisse
Mediterrane Höhenwege   66

TOUR 10
Col de Séoune
Einsamkeit in den Alpes
de Provence   72

TOUR 11
Col de Tende
Schmugglerpfade im
Grenzgebiet   78

TOUR 12
Val de Castérino
Piste der Forts   84

TOUR 13
Fort Central – La Brigue
Der krönende Abschluß   90

Service:
Anreise   6
Die schönsten Touren
Durch die Hochalpen zur
Côte d'Azur   10
Olympiastadt Albertville   23
Besuch im Adlerhorst:
4 x 4 Club Val d'Isère   24
Offroad-Hotel   29
Legendäre Paßstraßen:
Über alle Berge   32
Rafting – Spaß für alle   39
Lac de Serre Poncon   43
Die Zitadelle von Mont Dauphin   51
Achtung, Holzfäller   57
Rücksicht auf Mountainbiker   61
Route Napoléon:
Geschichte einer Region   64
Lavendel   69
Vorsicht Springflut!   77
Piemont – Blick über die Grenze   82
Geführte Touren
im Nationalpark   88
Abstecher an die Côte d'Azur   96
Essen und Trinken:
Leben wie Gott in Frankreich   98
Sehenswertes am Wegesrand   100
Orientierung unterwegs   104
Wie man sich bettet, so liegt man   106
Kleine Sprachkunde   184
Kurzinfos   189

Roadbooks:
Übersicht   108
TOUR 1   Le Grand Bornand   110
TOUR 2   Lac de St. Guérin   115
TOUR 3   Col du Mt. Cenis   121
TOUR 4   Lac de Serre Poncon   125
TOUR 5   Col de la Coche   133
TOUR 6   Col de Valbelle   137
TOUR 7   Zum Col du Parpaillon   140
TOUR 8   Le Grand Parpaillon   146
TOUR 9   Moriez – Lambruisse   152
TOUR 10   Col de Séoune   157
TOUR 11   Col de Tende   161
TOUR 12   Val de Castérino   165
TOUR 13   Fort Central – La Brigue   172

Anreise

In der süd-östlichen Ecke Frankreichs findet der Offroader was er sucht: Ein touristisch nicht überlaufenes Gebiet, wild und urwüchsig, mit ungezählten Möglichkeiten, die hochalpine Bergwelt abseits von Asphaltstraßen zu erkunden.

Das Tourengebiet erstreckt sich auf rund 300 Kilometer Länge in Nord-Süd-Richtung, quer durch die französischen Alpen. Die nördliche Grenze bildet dabei der Genfer See. Von hier aus reihen sich die einzelnen Touren Richtung Süden aneinander, bis hinunter in die Region an der Côte d'Azur. Im Osten enden unsere Touren an der Grenze nach Italien. Doch das ist nur eine grobe Eingrenzung, so manches Mal führen uns die Pisten doch noch ins Nachbarland hinein. Wer Offraod fährt, der orientiert sich schließlich an natürlichen Barrieren und nicht an politischen.

Die Anreise kann zügig über das gut ausgebaute Autobahnnetz, sowohl in Frankreich als auch in der Schweiz und Italien erfolgen. Doch sollte man in seiner Anreise-Planung die diversen Mautgebühren nicht vergessen. Während man in Frankreich und Italien nur für die Streckenabschnitte Gebühren bezahlen muß, die man auch benutzt, ist in der Schweiz eine

Bienvenue en France.

pauschale Mautgebühr (Vignette) fällig, sobald man in eine der eidgenössischen Autobahnen einfährt. Und noch ein zweiter Kostenfaktor sollte bedacht werden: Da wir uns in einem Dreiländereck aufhalten empfiehlt es sich, schon zuhause beim Automobilclub die aktuellen Sprit-

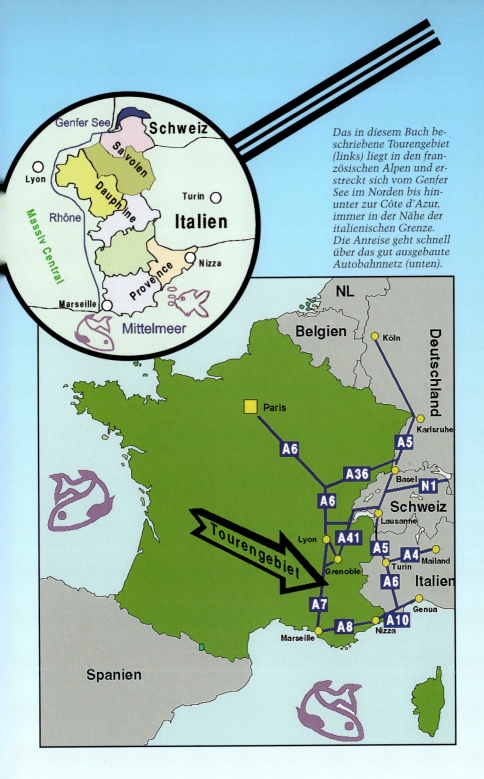

Das in diesem Buch beschriebene Tourengebiet (links) liegt in den französischen Alpen und erstreckt sich vom Genfer See im Norden bis hinunter zur Côte d'Azur, immer in der Nähe der italienischen Grenze. Die Anreise geht schnell über das gut ausgebaute Autobahnnetz (unten).

preise der einzelnen Länder zu erfragen – da kann man wirklich so manche Mark sparen. Wir zum Beispiel haben nicht schlecht darüber gestaunt, daß in Frankreich und Italien der Diesel billiger ist als Benzin, es aber in der Schweiz genau umgekehrt ist – und Sie dürfen dreimal raten, in welchem der drei Länder wir mit leerem Dieseltank an die Tankstelle gerollt sind. Dabei waren wir nur 50 Kilometer von der Grenze entfernt – das ist ärgerlich. Und noch ein Tip zum Tanken: Wer nachts auf Schweizer Autobahnen unterwegs ist, der sollte kleine Franken-Scheine in der Tasche haben, an den Tankstellen gibt es dann nämlich nur Automaten, die wiederum keine ausländischen Kredit- oder Scheckkarten annehmen.

Mehr Spaß als das Abspulen von Kilometern auf der Autobahn macht ohnehin die Fahrt über die Schweizer Bergpässe. Die Anfahrtszeit vervielfacht sich jedoch auf den kurvenreichen Straßen. Dennoch, wer es nicht eilig hat, packt die Anreise gleich ins Urlaubsvergnügen mit ein. Alle Pässe unterliegen aber oft sehr langen Wintersperren.

Die Anfahrt zum Startpunkt jeder Tour, zu der es im Roadbook-Teil (ab Seite 108) eine detaillierte Zeichnung gibt, ist in der entsprechenden Tourenbeschreibung (ab Seite 10) ausführlich erläutert. Dabei sind wir so verfahren, daß wir immer einen Ausgangspunkt gesucht haben, der selbst im normalen Autoatlas leicht zu finden ist (größere Ortschaft, See etc.). Von dort aus ist dann der Weg hin zu Bild 1 des entsprechenden Roadbooks beschrieben. Eine Skizze, aus der ersichtlich ist, in welcher Region der französischen Alpen jede einzelne der Touren liegt, finden Sie auf der Doppelseite 108/109).

Und jetzt geht's los: Wir wünschen eine gute Fahrt und viel Spaß beim Entdecken der nachfolgenden dreizehn Touren. ■

Schon die Anfahrt ist Teil des Urlaubsvergnügens, Sehenswertes gibt es genug.

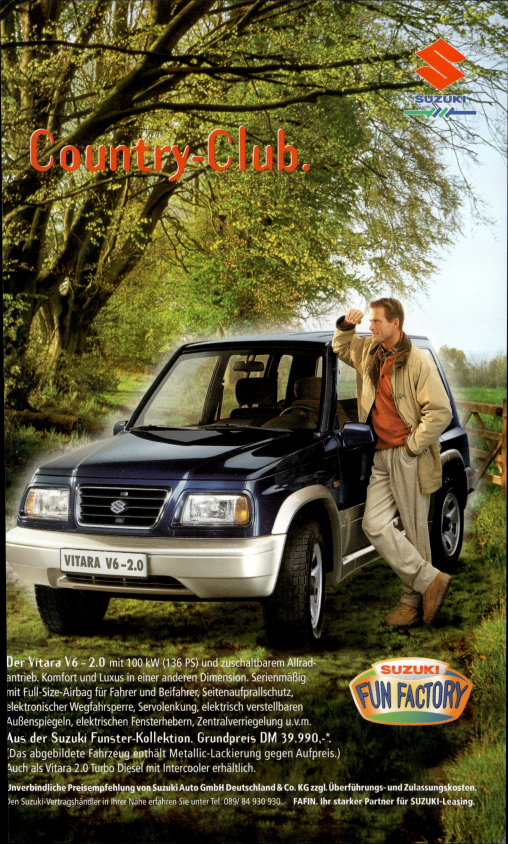

Die schönsten Touren:
Durch die Hochalpen zur Côte d'Azur

Dreizehn Offroad-Touren finden Sie im folgenden Kapitel beschrieben. Sie beginnen in den französischen Hochalpen, gleich südlich der Schweizer Grenze und führen hinunter bis in die Provence, von wo aus Abstecher an die nahegelegene Côte d'Azur locken.

Auf den folgenden gut achtzig Seiten finden Sie dreizehn Offroad-Touren in Wort und Bild beschrieben. Diese Schilderungen geben unsere ganz persönlichen Eindrücke und Erlebnisse wider. Für alle, die eine detaillierte Orientierungshilfe wünschen, ist ab Seite 108 jede der Touren in einem ausführlichen Roadbook dargestellt. Die Roadbooks und die Tourenbeschreibungen haben wir mit großer Sorgfalt zusammengestellt, trotzdem können wir nicht dafür garantieren, daß sich die Begebenheiten in Frankreich nicht mit der Zeit ändern: Jeder Offroader ist für sein Tun selbst verantwortlich. Halten Sie sich also an alle zum Zeitpunkt Ihrer Reise geltenden Vorschriften, beachten Sie insbesondere Streckenverbote. Oder anders gesagt: Ihre Strafzettel müssen Sie schon selbst bezahlen, wenn Sie die Verkehrsvorschriften bei Ihren Offraod-Ausflügen mißachten.

In Frankreich hat das Geländefahren – egal ob mit dem Mountainbike, der Enduro oder mit dem Offroader – ein bedeutend besseres Image als bei uns. Damit dies so bleibt, bitten wir Sie, im Gastgeberland mit der gebotenen Rücksichtnahme aufzutreten. Im speziellen sollten wir Offroader jede Belästigung anderer vermeiden und Rücksicht üben. Dies gilt sowohl für die Landschaft als auch gegenüber anderen Erholungssuchenden – und ganz besonders natürlich gegenüber unseren Gastgebern.

Jeder Band von Gländewagen Touren soll in erster Linie auch eine Anregung für Sie sein, sich selbst auf Tourensuche zu begeben. Trauen Sie sich, und suchen Sie ihre eigenen Wege! Das Rüstzeug dafür gibt Ihnen dieses Buch. Wenn Sie aber die beschriebenen Touren nachfahren möchten, dann benutzen Sie die Roadbooks ab Seite 108. Wie Sie zu den Startpunkten der einzelnen Routen kommen, finden Sie in den jeweiligen Tourenbeschreibungen erklärt. Auch für die Roadbooks gilt, daß sich in der Zeit zwischen Drucklegung und Ihrem Reisetermin die Begebenheiten vor Ort geändert haben können. Wo und wie Sie fahren, müssen letztendlich Sie alleine und selbstverantwortlich entscheiden. ■

Tour 1:
Le Grand Bornand

Höhenwege über sanfte Almen

Gleich südlich der Schweizer Grenze lockt uns die Commune du Grand Bornand mit ihrer phantastischen Hochgebirgswelt. Die Ortschaft selbst ist schon in tausend Meter Höhe gelegen, eingebettet zwischen schroffen Bergriesen, die leicht zweieinhalb Mal so hoch sind. Unser Ziel ist der Col de Chatillon, ein nur 1680 Meter hoher Paß im Osten der Gemeinde über den eine „Piste Jeepable" führen soll – so verspricht es zumindest eine Karte des Tourismus-Büros. Wir machen uns also auf die Suche und werden fündig.

Manchmal entdeckt man die schönsten Offroad-Touren dort, wo man sie eigentlich gar nicht vermutet – und die Tour über den Col de Chatillon ist genau so ein Glücksfall. In einem Prospekt, in dem die Gemeinde Le Grand Bornand für ihre wunderschönen Wintersportmöglichkeiten wirbt, haben wir sie entdeckt. Auf der Rückseite dieses Hotelführers ist nämlich eine Karte abgedruckt, auf der die Skilifte und Unterkunftsmöglichkeiten aufgeführt sind. Und zwischen diese touristischen Infos hindurch schlängelt sich eine gestrichelte Linie und darunter steht klipp und klar zu lesen: „Piste Jeepable", was nichts anderes heißt als ein Weg für uns Geländewagenfahrer. Offizieller kann eine Offroad-Tour ja wohl kaum sein. Dies ist aber auch ein typisches Beispiel dafür, wie unverkrampft unsere süd-westlichen Nachbarn mit Geländewagen- und Endurofahrern umgehen: Wenn nicht zwingende Gründe dagegen sprechen, kann und soll jeder auf seine Art und Weise glücklich werden.

Sanft windet sich der Weg über Almen.

Majestätisch stehen die Bergriesen im Sonnenlicht: ein ideales Wandergebiet verschiedenster Schwierigkeitsgrade.

Das erste Problem besteht darin, Le Grand Bornand überhaupt auf der Landkarte zu finden. Die auch bei uns bekannten Skigebiete wie Chamonix sind ebenso weit entfernt wie leicht zu findende Landmarken, beispielsweise der Lac d'Annecy. Also hier eine Orientierungshilfe: Rund 35 Kilometer südlich von Genf (der gleichnamige See wird in französischen Karten übrigens auch mit Le Léman bezeichnet) findet sich Annecy, das man leicht über die Autobahn (A 40/A41) erreicht. Nun geht es am östlichen Seeufer des Lac d'Annecy auf der Landstraße (D 909) weiter, die etwa in Seemitte scharf Richtung Osten abbiegt. Über die Ortschaft Thônes führt sie weiter nach St.-Jean-de-Sixt, wo man links abbiegen muß, um nach rund drei Kilometern in nordöstlicher Richtung Le Grand Bornand zu erreichen. Im Ortszentrum beginnt dann das Roadbook, aber lassen Sie sich nicht irritieren: Die Gemeinde besteht aus mehreren zusammengehörenden Ortschaften.

Der eben beschriebene Weg ist der am einfachsten zu findende und der schnellste, wenn man von Norden kommt, aber auch der langweiligste. Die Gemeinden von Le Grand Bornand, zu denen auch Le Chinaillon gehört, wo es von der Hauptstraße runter geht und somit der eigentliche Beginn der Tour ist, liegen nämlich direkt an der Paßstraße hoch zum Col de la Clombière. Wer also von Osten her über Cluses nach Le Grand Bornand fährt, der nimmt schon bei der Anfahrt einen der Berg-Klassiker unter die Räder. Detailliertes Kartenmaterial gibt es übrigens nicht nur in der Ortschaft, sondern auch am Kiosk oben auf der Paßhöhe.

Im Ortszentrum von Le Grand Bornand (in manchen Karten auch mit „Village" bezeichnet) am Parkplatz vor der Kirche beginnt die Tour. Über eine steile Serpentinenstraße (D 4) schlängeln wir uns hoch zum Ortsteil

Auf der Paßhöhe des Col de Chatillon (1680 Meter) soll die kleine Kapelle den Reisenden Gottes Segen bringen.

Le Chinaillon, der auf 1300 Meter Höhe liegt. Hier verlassen wir die Hauptstraße Richtung les Outalays und La Motaz. Als wir die letzten Häuser hinter uns gelassen haben endet auch die Teerdecke. Feldwege führen uns jetzt weiter nach oben zum Col de Chatillon. Über sanft geschwungene Bergweiden windet sich die Piste. Sie ist leicht zu fahren, und der Ausblick ist atemberaubend: Schroffe Felsenwände umzingeln uns und setzen sich im Sonnenlicht majestätisch in Szene. Wir genießen das Gebirgspanorama auf der Paßhöhe, ehe es auf der anderen Bergseite, an Bauernhöfen vorbei, wieder hinunter ins Tal geht. Bei Kilometer 14,7 im Roadbook biegen wir links ab und fahren wieder bergauf Richtung Col des Annes (1721 Meter), wo bewirtschaftete Almhütten zum Verweilen einladen. Die Weiterfahrt Richtung Osten ist allerdings gesperrt, so daß es auf der Teerstraße über les Plans in einer Schleife wieder zurück nach Le Grand Bornand geht.

Wir stellen schnell fest, daß die Berghütten von Les Annes ein beliebter Ausflugsort für die Bewohner der ganzen Region sind. Links und rechts der teilweise geteerten Strecke zur Alm, reihen sich geparkte Autos wie an der Perlenschnur. Dazwischen ein richtiges Verkehrschaos. Der eine will hoch, der andere runter und der dritte sucht einen Parkplatz. Ja, Sie

Das sollten Sie sich gönnen!

Magazin für die Freiheit auf Rädern im Abonnement

12 starke Nummern zum Preis von 11

... und ein Off Road-Cap zur Begrüßung

Bitte gleich Coupon ausfüllen und einsenden an:
AC Vertrieb GmbH, Alte Landstr. 21, 85521 Ottobrunn

Ja, ich bestelle Off Road ab sofort zum günstigen Jahresbezugspreis von nur DM 79,80 (Ausland: DM 90,-).

Name/Vorname

Straße/Hausnummer

PLZ/Ort

Gewünschte Zahlungsweise (bitte ankreuzen)
☐ - gegen Rechnung
☐ - bequem und bargeldlos durch Bankeinzug

BLZ   Geldinstitut

Kontonummer

Datum/Unterschrift

Das Off Road-Cap senden Sie mir bitte in
☐ Blau   ☐ Schwarz   ☐ Rot

Widerrufsgarantie: Diese Bestellung kann ich durch Absendung einer kurzen Mitteilung an die AC Vertrieb GmbH, Alte Landstr. 21, 85521 Ottobrunn, innerhalb von 10 Tagen (Poststempel) widerrufen.

Datum/Unterschrift

tours

Abenteuer auf Bestellung
Wer auf Tour geht, kann was erleben. Und wer als Abonnent mit tours auf Tour geht, erfährt von diesen Erlebnissen aus erster Hand. Zu einem erstklassigen Preis. Coupon bitte ausschneiden und einsenden

an den tours-Leserservice,
Postfach 1452
56195 Höhr-Grenzhausen.

Die tours-Vertrauensgarantie
ermöglicht es mir, die Vereinbarung innerhalb von 2 Wochen durch eine kurze Mitteilung

an den tours-Leserservice,
Postfach 1452
56195 Höhr-Grenzhausen,
zu widerrufen.

Die nächsten 3 Ausgaben zum Kennenlernpreis von 18,- DM.

Coupon Ich will tours das abenteuer-magazin im Mini-Abo kennenlernen und bestelle deshalb die nächsten 3 Ausgaben zum Kennenlernpreis von nur 18,- DM (Ausland 21,- DM). Wenn ich 4 Wochen vor Ablauf des Abonnements nichts von mir hören lasse, will ich tours, das abenteuer-magazin, weiterhin zweimonatlich zum vorteilhaften Abonnementpreis von DM 46,20 jährlich (statt DM 54,-) beziehen (Ausland DM 52,20).

Porto und Zustellungsgebühren sind in diesen Preisen enthalten. Das Abonnement kann jederzeit gekündigt werden.

Name: Vorname

Straße: Hausnummer

PLZ: Ort

Datum: Unterschrift

Garantie: Diese Bestellung kann ich innerhalb von 14 Tagen widerrufen. Eine Mitteilung an den tours-Leserservice, Postfach 1452, 56195 Höhr-Grenzhausen genügt

Die Tour ist fahrerisch einfach und idyllisch (oben).

Rustikal sind die Berghütten von Les Annes (links).

haben richtig geraten, es ist Sonntag und alle zieht es hinauf zu diesem sonst recht idyllischen Ort. Deshalb unser Tip: Fahren Sie lieber während der Woche hier herauf und tun Sie es den Franzosen gleich, packen Sie die Wanderschuhe ein und erkunden Sie die Region auf Schusters Rappen – und nehmen Sie sich Zeit dafür. Ein wunderschönes Wandergebiet gibt es hier zu erkunden. Und danach eine deftige Brotzeit in den rustikalen Berghütten von Les Annes – das sind die Zutaten aus denen Traum-Urlaubstage gemixt werden. Einen weiteren beliebten Ausgangspunkt für Wanderer haben wir übrigens auch auf der Paßhöhe des Col de la Colombière ausgemacht. Und noch eine Bitte zum Schluß: Gerade in diesem Wanderparadies werden Sie beim Offroadfahren immer wieder auf Fußgänger treffen – nehmen Sie also Rücksicht auf die Wanderer. ■

Tour 2:
Lac de St. Guérin

Schotterpisten über das Montblanc-Massiv

Östlich von Albertville, ein Städtchen, das spätestens seit der Winter-Olympiade 1992 weltbekannt ist, überqueren wir die Ausläufer des Montblanc-Massivs. Und zwar auf einer Schotterpiste, die uns in eine Höhe von über 2000 m vordringen läßt. Still ist es hier oben, doch das Landschaftserlebnis ist überwältigend: Im reinen Gebirgswasser des Lac des St. Guérin spiegeln sich Berge und Wolken wider, ein einsamer Wasserfall plätschert direkt neben der Straße über die Felsen herab.

Man braucht schon eine detaillierte Karte (ab 1:250.000) um den Lac de St. Guérin zu finden. Doch das Suchen lohnt, führt doch direkt an seinem östlichen Ufer entlang eine Schotterpiste hinauf auf den über zweitausend Meter hohen Cormet d'Arêches, der die westlichen Ausläufer des Mont-Blanc-Massivs in Nord-Süd-Richtung durchschneidet.

ZUM MONTBLANC IST ES NICHT WEIT

Zur Orientierung: Südlich von Genf liegt der Lac d'Annecy. In Richtung Südwest führt von hier aus die N 508 nach Ugine, wo sie auf die N 212 trifft. Wer dieser nun in südlicher Richtung folgt, der kommt zwangsläufig nach Albertville, das direkt an der Autobahn A 430 liegt. 18 Kilometer Luftlinie östlich von Albertville liegt der relativ große und in den meisten Karten eingezeichnete Lac de Roselend. Der Lac des St. Guérin findet sich direkt südwestlich daneben, er ist sozusagen der kleinere Bruder von beiden.

Der Scheitelpunkt der Ausläufer des Montblanc-Massivs ist auf der Paßhöhe erreicht.

Eine verlockende Serpentinenstrecke schmiegt sich an die Bergflanken (oben). Blick über den Lac de St. Guérin (rechts).

Albertville ist der ideale Versorgungspunkt in diesem Gebiet. Das soll nicht heißen, daß hier außerhalb der Saison der Bär tanzt, aber immerhin, ein geöffnetes Hotel und ein paar Restaurants, sowie eine Vielzahl von Geschäften stellen die Grundversorgung sicher. Das ist nicht selbstverständlich, denn hinter so manchem wohlklingenden Namen eines berühmten Skigebiets, verbirgt sich im Sommer eine trostlose, verwaiste Trabantensiedlung.

Albertville dagegen ist eine gewachsene Ortschaft, nicht ohne Charme, wenngleich so manches in diesem Städtchen ein wenig zu klotzig und aufgesetzt wirkt – die Olympiade hat eben ihre Spuren hinterlassen.

Staubig zieht sich der Weg nach oben

Unsere Tour beginnt in der Ortschaft Beaufort, direkt an der D 925 gelegen, die Albertville in nordöstlicher Richtung verläßt. In Baufort geht es rechts ab auf die kleinere D 218, die über das Dorf Arêches bis hoch an die Staumauer des Lac de St. Guérin führt. Links von der Staumauer windet sich die Straße in ein paar Kehren hinauf zum See, wo nach einem Kilometer Fahrtstrecke plötzlich ein Aussichtsplateau auftaucht, das einen wunderschönen Blick über den See und die

Auf der guten Piste geht es flott voran.

Staumauer ermöglicht. Wer hier nicht links abbiegt zum Cormet d'Arêches, sondern ein paar hundert Meter geradeaus weiterfährt, der kommt zu einem Rastplatz, der idyllisch direkt am Seeufer liegt.

Verschiedene Einkehrmöglichkeiten bieten sich entlang der Tour.

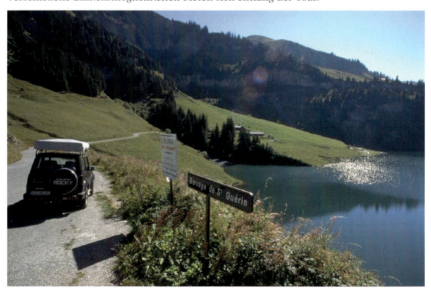

Auf den nächsten vier Kilometern haben wir noch Asphalt unter den Reifen, der sich dann in eine Schlaglochpiste wandelt, ehe der Schotterweg beginnt. Doch so einsam, wie die Region auf den ersten Blick gewirkt hat, ist sie nicht. Verstreut über das Hochplateau hinter dem Stausee finden sich Almhütten und Bauernhöfe, die vereinzelt sogar Verpflegungs- und Übernachtungsmöglichkeiten bieten. (siehe Roadbook).
Staubig zieht sich die Piste nach oben, ehe die Paßhöhe des Cormet d'Arêches in 2107 Meter Höhe erreicht ist. Kaum zu glauben, aber wir stehen hier am Scheitelpunkt der südwestlichen Ausläufer des Mont-Blanc-Massivs. Der höchste Berg Europas, der 4808 Meter hoch ist und der bereits am 8. August des Jahres 1786 von den Bergsteigern J. Balmat und M. Paccard erstmals bezwungen wurde, ist nur dreißig Kilometer entfernt von uns.
In verlockenden Kehren schmiegt sich die Piste auf der anderen Seite des Gebirgskamms an die Flanken der uns umgebenden Zweieinhalbtausender. Weniger lieblich als die Nordhänge, über die wir hinaufgefahren sind, präsentiert sich die Südseite des Gebirgsstockes. Urwüchsig, mächtig und steil sind die Hänge, die nur einen kargen Ertrag für die Almhirten abwerfen. Einige Unterstände, die wir kurz vor dem Wiederbeginn der Teerstraße passieren, zeugen vom harten Leben, das die Bergbauern in früheren Zeiten hier fristeten.
Uns zieht es weiter in Richtung Tal, wo wir über Granier, Tessins und Aime die Hauptstraße N 90 erreichen. Ihr folgen wir nach Nord-Ost, um in Val d'Isère den 4x4 Club zu besuchen, der sein riesiges Offroad-Gelände auch für Besucher offen hält. ■

Olympiastadt Albertville

Ihren Namen verdankt die Stadt König Charles Albert von Sardinien, der 1835 die beiden Ortschaften L'Hôpital und Conflans, links und rechts des Flusses Arly gelegen, zu einer Stadt vereinigte. Ins Rampenlicht trat Albertville durch die Olympischen Winterspiele 1992. Wegen teilweise massiver Eingriffe in die Landschaft waren die Spiele jedoch gerade bei Umweltschützern nicht unumstritten.

Die Altstadt mit vielen kleinen Läden lädt zu einem Bummel ein, am Grande Place im Maison Perrier de la Bathie befindet sich ein Kulturmuseum.

Am östlichen Flußufer bietet ein kleiner Campingplatz Übernachtungsmöglichkeiten. Von dort läßt sich die Innenstadt gut zu Fuß erreichen.

Besuch im Adlerhorst:
4x4 Club Val d'Isère

Ihren Allrad-Club nennen sie Club 4x4 des Aigles, was nichts anderes heißt als der Geländewagen-Club der Adler. Und wie der Greifvogel, so haben auch sie einen Adlerhorst, und zwar einen großen: 2000 Hektar 4x4-Gelände stehen ihnen zur Verfügung, und jeder Offroader ist als Gast willkommen.

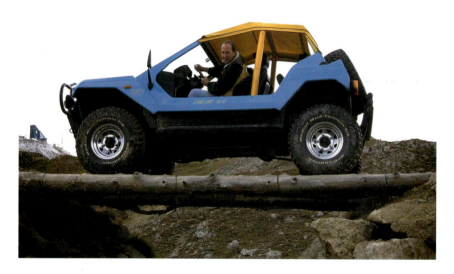

D er Club 4x4 des Aigles ist über die Grenzen Frankreichs hinaus bekannt als Veranstalter des „Salon International 4x4 et Tout-Terrain de Val d'Isère". Diese wohl größte Mischung aus Messe, Geländewagen-Treffen und Offroad-Veranstaltung in Europa findet jährlich im Sommer in Val d'Isère statt.

Doch nicht nur während der Veranstaltungstage steht das Ski-Dorf ganz im Zeichen der Offroader. Sobald der letzte Schnee bis in 3000 Meter Höhe geschmolzen ist, stehen die Hochebenen als Offroad-Paradies zur Verfügung. Zweitausend Hektar Gemeindegebiet in einer Höhenlage zwischen 2400 und 2800 Meter, dürfen in der kurzen schneefreien Zeit des Hochsommers von den Clubmitgliedern als Offroadgelände genutzt werden.

Und Mitglied kann bei den Adlern im Prinzip jeder werden, der den Clubbeitrag entrichtet. So steht jedem Gast das Skigebiet am Bellevarde als Geländespielplatz zur Verfügung.

GÄSTE SIND BEI DEN ADLERN IMMER WILLKOMMEN

Wenn Sie in Val d'Isère sind, fragen Sie einfach nach dem Club 4x4 des Aigles an der Tankstelle, in einem Geschäft oder Hotel, jeder hier kennt die Adler und hilft Ihnen weiter.

Das olympische Skigebiet dient dem Club 4x4 des Aigles als Offroadgelände.

Zweitausend Hektar Offroad-Spielplatz in Regionen bis 2800 Meter Höhe.

Der Clubpräsident zeigt's: In der Steilwandkurve fahren ist nicht schwer.

Wenn Sie schon von zuhause Infos anfordern möchten, dann wenden Sie sich entweder an das Office de Tourisme (Tel. 00 33-4-79 06 06 60) oder direkt an den Club im Hôtel Le Relais du Ski (Tel. 00 33-4-79 06 02 06). Beide Adressen sind auch vor Ort die Anlaufstellen für alle, die in der Zone 4x4 de Bellevarde im Gelände fahren möchten. Ohne Clubmitgliedschaft geht jedoch nichts, und Clubmitglieder erkennt man an den Aufklebern, die Sie bei der Anmeldung erhalten. ■

Tour 3:
Col du Mt. Cenis

Rundtour oberhalb der Baumgrenze

Oben am Col du Mt. Cenis, in 2083 Meter Höhe, haben die Franzosen einen Stausee angelegt. Während nun die eigentliche Paßstraße am Nordostufer des Lac du Mont Cenis vorbei führt, schlängelt sich auf der anderen Seeseite eine Schotterpiste entlang, die zu einem alten Fort führt und von der aus Abstecher in die Bergwelt bis auf knapp 3000 Meter Höhe möglich sind.

Der Col du Mont Cenis verbindet Frankreich mit Italien und zwar achtzehn Kilometer östlich des Fréjus-Tunnels. Wer, wie wir, aus Val d'Isère kommt, fährt über den Col de l'Iseran und kommt dann zwangsläufig über die Bundesstraße D 902 nach Landslevillard und Landslebourg. In beiden Ortschaften kann man Richtung Süd abbiegen und kommt so auf die Bundesstraße Nr. 6, die Paßstraße über den Col du Mont Cenis.

Für alle, die die direkte Anreise suchen, bietet sich folgender Weg an: Die Autobahn A 40 / A 41 (Genf – Lyon) in Chambery verlassen. Dann über die Bundesstraße Nr. 6 in südöstlicher Richtung direkt zum Col du Mont Cenis.

Offroad-Hotel

Am Südende des Lac de Mt. Cenis, direkt vor der Staumauer, steht das Hotel le Malamot, ein furchtbar anmutender Kasten mit einem Campingplatz daneben (Roadbook Bild 14).

Während das Gebäude und die Lage nicht gerade einladend wirken, machen die Fahrzeuge, die am Hotelparkplatz stehen neugierig (siehe Fotos). Dann prangen da auch noch die verschiedensten Aufkleber von Offroad-Clubs an der Tür und ein Schild sagt ganz deutlich, daß speziell Geländewagenfahrer hier willkommen sind. Wer erst einmal die Schwelle des Hotels überschritten hat, der stellt schnell fest, daß der Hotelier ein ebenso begeisterter Offroader ist, wie man selbst. Zimmer sind eigentlich immer frei, und die Bewirtung war – zumindest in unserem Fall – sehr herzlich. Allein mit dem Camping in frostigen 2000 Meter Höhe über dem Meeresspiegel muß man sich erst anfreunden.

Doch eines sei hier angemerkt. Eine schnelle Anfahrt ins Herz der französischen Alpen ist nicht möglich – auch die direkte Route zum Col du Mont Cenis zieht sich. Doch die Anfahrt lohnt, schließlich wartet hier ein Rundkurs um den Lac du Mont

Ein Rundkurs in Regionen jenseits der Baumgrenze

Cenis in Regionen oberhalb der Baumgrenze.

Direkt an der Paßhöhe, die nördlich des Sees liegt, steht das Hotel de Mt. Cenis – und das ist für uns in mehrfacher Hinsicht von Bedeutung. Einerseits läßt es sich hier gut essen, andererseits ist der Wirt ein geselliger Mann, der schon mal ein Liedchen für seine (zechfreudigen) Gäste trällert, und zu guter Letzt ist hier der Ausgangspunkt zur Tour um den Lac du Mont Cenis. Überhaupt ist die Gastronomie in dieser verlassenen Bergregion gut vertreten. Am Südufer des Sees befindet sich nämlich auch noch das Hotel le Malamot mit seinem offroad-begeisterten Wirt (siehe Kasten vorherige Doppelseite).

Doch wir sind ja nicht zum Zechen hier hoch gekommen, sondern zum Tourenfahren. So biegen wir rund einen halben Kilometer nach dem Restaurant de Mt. Cenis auf die rechts neben der Hauptstraße verlaufende Nebenstraße ab. Von nun an lassen wir den See immer links von uns liegen und schlängeln uns so am südwestlichen Ufer entlang. Ein Ver-

In über 2000 Meter Höhe ist die Vegetation karstig und der See wirkt fjordartig (Bilder oben). Die mit Felsen verkleidete Staumauer darf befahren werden (Mitte). Die Piste führt über urige Brücken am Fort de Variselle vorbei (rechts).

fahren ist so kaum möglich. Die technisch einfache Schotterpiste verläuft weitgehend in Seehöhe und meist in Sichtweite des Ufers.

Zwei Abstecher sind möglich: Bei Kilometer 4,0 zeigt eine Hinweistafel Touren, die sich Richtung Col d. Petit Mt. Cenis ergeben. Und bei Kilometer 6,9 lockt die Auffahrt zum alten Fort am Mt. Malamot (2914 m). Am Abzweig dorthin (Roadbook Bild 8) befindet sich ein „Einfahrt-Verboten-Schild", dessen Zusatztafel allerdings besagen soll, so dolmetscht es zumindest unser Scout vom Club 4x4 Val d'Isère, daß die Landschaft dort oben unter besonderem Schutz steht. Eine Zufahrt sei somit erlaubt, solange man sich anständig benimmt; im Klartext heißt das: Wege nicht verlassen und Finger weg von den geschützten Pflanzen.

Wir ziehen es aber – typisch deutsch – vor, das Verbotsschild auch als solches zu sehen und fahren weiter am See entlang, vorbei am Fort de Variselle zur Staumauer. Diese darf, so sagt es ein Schild diesmal eindeutig, auf eigene Gefahr überfahren werden. Doch noch ein zweites Abenteuer lockt: Direkt unter der Staumauer, hinter dem Hotel le Malamot, liegt eine verlassene Geisterstadt, die ausgiebig erforscht werden will. ■

*Seit der Antike verbinden legendäre
Paßstraßen die Täler in den Westalpen*

Über alle Berge

Seit Menschengedenken bilden die Alpen eine mächtige Barriere, deren Überwindung nicht einfach war. Um den Transitverkehr zu erleichtern, wurden immer wieder kunstvolle Paß-Straßen angelegt, die erst in jüngster Vergangenheit durch zahlreiche Tunnels vom Fernverkehr entlastet werden. Zusammen mit einigen alten Militärstraßen versprechen sie heute noch lohnende Erkundungsfahrten mit grandiosen Landschaftseindrücken.

Zu den berühmtesten Alpenüberquerungen zählt sicher Hannibals Zug nach Oberitalien im Jahr 218 v. Chr., der notwendig wurde, weil er das mächtige Marseille, einen treuen Bündnispartner Roms, umgehen mußte. Nach den Berichten von Polybios marschierte er demnach wahrscheinlich über den Paß vom Mont Genèvre. Die Überraschung gelang und trotz der durch die Strapazen erlittenen Verluste konnte er danach

Tests
Neue Geländewagen
Zubehör
Reifentest
Leserhilfe
Abenteuer
Praxistest
Termine
Geländewagen-Technik

Lust auf Geländewagen?

Jetzt am Kiosk.
Im größeren Format!
Für 6,50 Mark.

Aus der Off Road Sachbuchreihe

Endlich da!

DM 39,80 zuzüglich Versandkosten DM 5,-

Das große Jeep Buch
Von Willys bis Wrangler

Endpreis **DM 44,80**

Bei Auslandsbestellungen
DM 12.- Versandkosten

Bestellen Sie bei:

AC Vertriebs GmbH
Bücherservice
Alte Landstraße 21
85521 Ottobrunn

Ab sofort können Sie
auch mit Ihrer Master/Euro- oder Visacard bezahlen!
Nr. und Gültigkeitsdauer angeben

mehrere spektakuläre Siege über die Römer erringen.

Ein weiterer berühmter Marsch über die Alpen war 1077 der Zug Heinrichs IV. nach Canossa. Hier war der Mont Cenis der einzige Alpenübergang, den seine Widersacher, Rudolf den Dreitausender bietet. Anschließend kurvt man 1371 Meter hinunter ins Arc-Tal bis Lanslebourg, wo die Weiterfahrt über den Mont Cenis ins Auge gefaßt werden kann.

Vor allen Paßfahrten sollte man aber unbedingt den Ölstand und das Kühl-

Die legendären Paßstraßen sollte man in die Tourenplanung mit einbeziehen.

von Schwaben und Welf von Bayern, nicht hatten sperren können. Immerhin gelang es Heinrich, sich durch seine ungewöhnliche Buße vor Canossa vom päpstlichen Bann zu befreien.

1912 wurde mit dem Bau der Route des Grandes Alpes begonnen, die Genf mit Nizza verbindet, aber keineswegs einheitlich ausgebaut ist. Zu ihren Höhepunkten zählen neben dem Col de Galibier (2642 m) sicherlich auch der Col d'Iseran (2764 m), der lange Zeit der höchste befahrbare Alpenpaß war. Er schraubt sich von Val d'Isère 930 Meter bis zur Paßhöhe mit der kleinen Iseran-Kapelle hinauf, wo sich bei gutem Wetter ein phantastischer Rundblick auf die umliegen-

system des Motors kontrollieren, da Fahrzeuge bei diesen Anstrengungen besonderen thermischen Belastungen unterworfen sind. Besonderes Augenmerk sollte man auch der Bremsflüssigkeit schenken.

Nicht nur Schotterpisten können eine Menge Fahrspaß vermitteln.

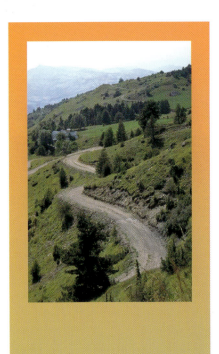

Tour 4:
Lac de Serre Poncon

Familientour im Ferienparadies

Immer wieder öffnet sich der Blick hinunter auf den Lac de Serre Poncon.

Der Lac de Serre Poncon ist ein beliebtes Urlaubsziel vieler Franzosen. Gleichzeitig liegt der angeblich größte Stausee Europas inmitten der französischen Alpen und die sind ja ein Paradies für uns Offroader. Der Lac de Serre Poncon ist so ein idealer Ausgangspunkt für den aktiven Geländewagen-Urlaub mit der ganzen Familie. Insgesamt fünf Touren haben wir in der Region für Sie ausgekundschaftet. Zum Einstieg eine sanfte Familienfahrt, die landschaftlich Außergewöhnliches bietet.

Mehr als zwanzig Kilometer lang erstreckt sich der Lac de Serre Poncon in der Bergregion östlich von Gap. Und diese Abmessungen machen ihn so imposant, daß er selbst im Shell-Atlas noch leicht zu finden ist: Die Anfahrt zum angeblich größten Stausee Europas (1,3 Milliarden m^3) stellt also kein Problem dar.

Welch ein Unterschied zu unseren bisherigen Tourengebieten: Waren wir bisher, abgesehen von gelegentlichen Wanderern, Mountainbikern und Endurofahrern alleine auf weiter Flur, so pulsiert in den Sommermonaten rund um den Lac de Serre Poncon das Leben. Er ist ein offensichtlich sehr beliebtes Ferienziel der Franzosen und bietet auch uns eine entsprechende Infrastruktur: Dutzende Campingplätze und Restaurants, Bootsverleih und Raftingtouren. Hierher kann man mit der ganzen Familie fahren und Urlaub machen, ohne daß es den Kids langweilig wird.

Wir schlagen unsere Zelte in Embrun auf, einem wirklich schönen Dörfchen am äußersten Nordostzipfel des Sees, das für unsere insgesamt fünf Touren, die wir in der Region unternehmen, ein günstig gelegener Ausgangspunkt ist. Die schönsten Strekken findet man oft per Zufall, das wissen wir aus Erfahrung, und so ist es auch diesmal. Eigentlich wollten wir an der Station de Réallon (nördlich der Brücke, die den See in der Mitte überspannt) den Einstieg zum GR 50, einem Höhenwanderweg finden. Doch was auf der Karte so vielversprechend ausgesehen hat, entpuppt sich vor Ort als ziemlich übler Reinfall. Die Station de Réallon ist nämlich die Talstation eines Skigebiets mit einem riesigen Parkplatz, mehrspurig ausgebauten Zufahrtsstraßen, und zu allem Überfluß ist der Einstieg zur Piste, über die der GR 50 führt, auch noch per Schranke verriegelt und verrammelt.

Also suchen wir uns einen neuen Einstieg zum Höhenweg und der befindet sich laut Karte viel weiter westlich. So schlängeln wir uns also auf winzigen Sträßchen am nördlichen Ufer des Lac de Serre Poncon entlang, bis wir schließlich beim Weiler Le Pomeyret die Zufahr zur Schotterpiste finden. Schon die winzigen Asphaltbänder, die uns von Embrun bis zum Höhen-

ERHOLSAMES TOUREN IN GRANDIOSER LANDSCHAFT

weg führen, bieten ein Landschaftserlebnis, wie man es selten findet. Vorbei an einsamen Gehöften, durch uralte Ortschaften schlängelt sich der Weg, der oftmals so schmal ist, daß zwei Fahrzeuge kaum aneinander vorbei finden. Und immer wieder dieser Blick hinauf zu den kahlen Felswänden und hinunter zum See, der im Sonnenlicht funkelt wie ein Diamant auf dem die weißen Segel der Boote

Zu Füßen der Felsmassive schlängelt sich die gut präparierte Piste.

Wer eine Bergidylle mit intakter Natur sucht, der wird hier fündig.

entlangschweben. Eine friedliche Bergidylle in einer heilen Welt, so sieht das touristische Treiben da unten aus der Ferne aus.

Irgendwann endet der Asphalt schließlich und wir können den Schotter des Höhenwegs unter die Räder nehmen. Es ist eine Tour der soften Art, der Weg ist weitgehend gut planiert und kaum ein Stoß dringt bis zu den Passagieren durch. Deshalb mein ganz persönlicher Tip: Machen Sie hier eine Woche Urlaub am See mit seinen Freizeitangeboten für die ganze Familie. Laden Sie Ihre Lieben dann zu dieser einen Tour in den Offroader und alle werden begeistert sein. Die anderen Touren können Sie ja wieder alleine fahren, während der Rest der Familie Badeurlaub macht. ■

Nehmen Sie die ganze Familie mit auf diese geruhsame Halbtages-Tour.

Rafting – Spaß für alle

Kaum ein anderer Autofahrer findet zu den entlegenen Bergbauernhöfen (hier: Le Pomeyret).

Die Durance, die von Norden kommend den Lac de Serre Poncon mit Wasser versorgt, ist ein beliebtes Rafting-Revier. Die voll besetzten Boote, die weiter flußaufwärts gestartet sind, legen – speziell an Wochenenden – in Minutenabständen kurz vor der Einmündung in den Stausee an. Die Nebenstraße D 467 führt südlich von Embrun direkt an den Landestegen der Rafting-Schulen vorbei, von hier aus kann man das Spektakel wunderbar beobachten.

Besonders Mutige finden am Südende der D 467, kurz bevor sie in die Hauptsraße Embrun–Savines-Le-Lac (N 94) einmündet, eine Raftingschule, wo sie sich weitere Infos über die Teilnahme an diesem erfrischenden Wildwassersport einholen können. Zusätzliche Infos erhält man auch in Embrun-Zentrum (Fremdenverkehrsbüro).

Die Wege am Lac de Serre Poncon sind ebenso sanft und zurückhaltend wie viele der Bewohner, die uns in dieser Region begegnen.

Wer mit dem Pkw auf der Hauptstraße bleibt, dem entgeht viel vom liebenswürdigen Charme des bäuerlichen Lebens.

Tour 5:
Col de la Coche

Der Berg ruft

Der Col de la Coche ist eine Sackgasse – zumindest für Pkw. Wer nämlich auf der Nordseite hier hoch fährt, stellt fest, daß die Teerstraße urplötzlich auf 1800 Meter Meereshöhe endet. Wir jedoch fahren von Süden her auf einem Schotterwerg hoch zum Col de la Coche und dann von der Paßhöhe aus weiter zum 2372 Meter hohen Col de Valbelle (Tour 6).

Diese Tour auf den Col de la Coche ist sozusagen der schwierigere Einstieg zur Tour über den Col de Valbelle (Beschreibung: Tour 6), beginnt letztgenannte doch oben auf der Paßhöhe des Col de la Coche. Für diejenigen, die nicht beide Touren am Stück fahren möchten, ergeben sich also zwei Varianten: Auf dem Schotterweg hoch zum Col de la Coche (1791 m) und auf der Teerstraße wieder zurück ins Tal, wie es im Roadbook beschrieben ist. Oder gleich auf der Teerstraße hoch zum Col de la Coche und dann direkt weiter zum Col de Valbelle. Beide Varianten bieten sich an, wenn Dunkelheit droht oder das Wetter schlecht wird – in beiden Fällen ist nämlich von einer Weiterfahrt auf

Lac de Serre Poncon

Bereits 1960 wurde der Staudamm von Serre Poncon eingeweiht, der die enorme Höhe von 123 Metern erreicht. Der gleichnamige Stausee erstreckt sich auf einer Länge von rund 20 Kilometern und ist maximal drei Kilometer breit. Im Sommer kreuzen viele Segelboote und Surfer durch die Wellen, Boote jeder Art können z. B. in Savines-Le-Lac gemietet werden. Am Nordostende des Sees liegt auf einem gut 100 Meter hohen Felssporn die kleine Stadt Embrun. Sie wird überragt von der Kathedrale Notre-Dame-du Réal, die aus dem 13. Jahrhundert stammt. Damals war Embrun ein wohlhabender Bischofssitz, was auch die Größe des Sakralbaus erklärt, der an italienische Vorbilder erinnert. Es macht Spaß, durch die kleinen Gassen zu schlendern, mehrere Campingplätze stehen zur Verfügung.

Auf einem Felssporn liegt die Ortschaft Embrun – früher ein Bischofssitz..

Der Stadtpark von Embrun bietet Ruhe und einen grandiosen Blick über das Tal.

Rund sechs Kilometer südlich des Sees liegt das Chalaisianerkloster Boscodon, von dem allerdings nur die Kirche besichtigt werden kann. Daß die Chalaisianer den Zisterziensern nahe standen, spiegelt sich auch in ihrer Baukunst wider, die schlicht und streng ist. Etwas weiter westlich liegen die Demoiselles Coiffées, die frisierten Fräuleins. Dabei handelt es sich um urtümliche Felsformationen, die durch das Abschmelzen urzeitlicher Gletscher entstanden sind. Auf den Steinsäulen haben sich winzige Grasbüschel gehalten, die an die Frisuren der Damen erinnern. Westlich des Sees liegt der Salle du bal des Demoiselles coiffées, der Ballsaal der frisierten Fräuleins. In diese Steinwüste verirrt sich kein Grashalm und die Höhe der Säulen schwankt zwischen einem und 15 Metern.

Viele Arten von Wassersport sind am Lac de Serre Poncon möglich.

Die Schotterpiste führt uns zur Paßhöhe, 1791 Meter über dem Meeresspiegel.

Vorsicht: Montainbiker haben auf diesem Untergrund einen langen Bremsweg.

den Col de Valbelle dringend abzuraten. Dann also lieber auf der Teerstraße wieder herunter vom Col de la Coche und am nächsten Tag auf demselben, schnelleren Weg wieder zurück, um dann den Col de Valbelle bei Tageslicht und guter Witterung in Angriff zu nehmen.

Der Einstieg in die Schotterpiste hoch zum Col de Valbelle ist relativ unscheinbar. Deshalb hier die detaillierte Beschreibung. Die nächstgelegene und in der IGN-Karte Nr. 54 1:100.000 eingezeichnete Ortschaft ist Le Villard, vier Kilometer östlich von Embrun. Gut einen Kilometer nördlich davon zweigt die Tour rechts ab von der D 39 (siehe Roadbook). Da die D 39 aber auch die Straße ist, die zum Col du Parpaillon führt, kann man von Embrun aus dem Roadbook der Tour 7 folgen, die ja die Anfahrt zum Col de Parpaillon beschreibt. Nur muß man hier bei Bild 7, an der Einmündung in die D 39, nicht rechts Richtung Crevoux abbiegen, sondern nach links; jetzt kommt man nach kurzer Fahrt ebenfalls nach Le Villard. Fährt man von hier aus gut einen Kilometer geradeaus weiter (Richtung Nord-West), dann zweigt bei Le Gardiole eine Teerstraße rechts ab (Wegweisung: Les Bleincs und Les Audes). Hier ist der Einstieg zur Tour.

Nach 1300 Meter Asphaltband, das sich durch eine Siedlung schlängelt, nehmen wir Schotter unter die Reifen. Die gut erhaltene Piste führt über landwirtschaftliche Flächen sanft bergauf, ehe sie ihr Gesicht ändert. Auf der zweiten Streckenhälfte wird der Schotterbelag immer schlechter, Felsen und Geröll bilden nun den natürlichen Untergrund des Fahrwegs, der sich gleichzeitig immer steiler nach oben windet.

Doch nicht nur für uns stellt die Schotterpiste hoch zum Col de la Coche ein fahrerisches Vergnügen dar. Auch Mountainbiker schätzen diesen Weg – allerdings in umgekehrter Richtung. Und sie stellt das Bremsen bergab auf dieser steilen Piste mit dem groben Schotterbelag vor ziemliche Probleme: der Bremsweg ist lang und die Bikes beginnen bei Vollbrem-

AUS FELS UND GROBEM SCHOTTER IST DER BELAG

sungen zu schlingern. Wir nehmen also Rücksicht und machen Platz, sobald uns ein Offroad-Radler entgegen kommt. Außerdem lernen wir schnell, daß ein Mountainbiker selten alleine unterwegs ist. Ihm folgt meist in kurzen Abständen der Nachwuchs und am Schluß die Mama.

In 1791 Meter erreichen wir schließlich die Paßhöhe (Roadbook Bild 10) und können nun auf der Teerstraße zurück ins Tal fahren (wie im Roadbook beschrieben) oder mit Tour 6 über Col de Valbelle noch mehr Schotter unter die Räder nehmen. ■

Die Furt ist kein Problem: im Hochsommer führt der Bach nur wenig Wasser.

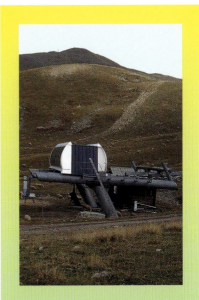

Tour 6:
Col de Valbelle

Bizarre Mond-landschaft

Zwischen 1850 und 2500 Meter Höhe erstreckt sich das Skigebiet um die Station de Risoul – unser zweites Tourenziel des heutigen Tages. Der Ausgangspunkt dieser Tour ist die Paßhöhe des Col de la Coche (Tour 5), von wo aus uns ein Waldweg hoch bis zur Baumgrenze führt. Anschließend geht es über staubige Pisten auf einem Hochplateau weiter, das im Winter als Skigebiet genutzt wird. Schließlich überqueren wir den Bergkamm über den 2471 Meter hohen Col de Valbelle, ehe wir auf der anderen Seite zur Station de Risoul abfahren.

Beschaulich geht es zu auf der Paßhöhe des Col de la Coche. Sonntagsausflügler sitzen in ihren Liegestühlen und genießen die schattige Kühle der Berge in 1800 Meter Höhe. Doch für uns ist der Col de la Coche nur der Vorgipfel für die Tour hoch zum knapp zweieinhalbtausend Meter hohen Col de Valbelle. Wir nehmen also den Forstweg, der weiter bergauf führt unter die Räder. Die Orientierung ist leicht, denn erstens zweigen kaum Pisten ab, die in die Irre führen könnten, und zweitens brauchen wir nur den weißen Wanderwegweisern folgen, die in kurzen Abständen an Bäume oder Felswände gepinselt sind.

Eine Hinweistafel am Wegesrand warnt davor, den Col de Valbelle bei Gewittern zu fahren. Daß dieser Gefahrenhinweis ernst zu nehmen ist, zeigt das Geröllfeld das wir bei Kilometer 5,0 kreuzen. Wir können uns gut vorstellen, wie es hier während eines Wolkenbruchs aussieht. Und weiter oben, jenseits der Baumgrenze, ist schlicht und einfach nichts mehr, kein

Beschaulich geht es die ersten Kilometer auf einem Forstweg durch den Wald.

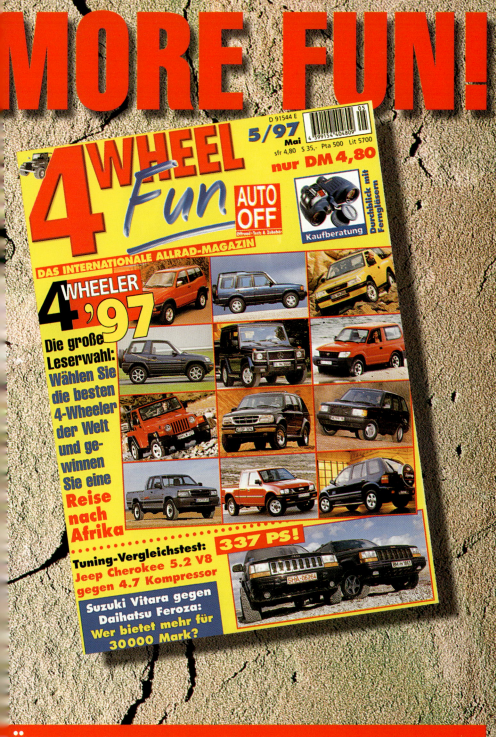

Was immer Sie wünschen, wir beraten Sie und buchen für S
Nehmen Sie den VIP-Service unseres Reisebüros wahr

Tel.: 089/60 86 01-51 oder -52

Fax: 089/60 86 00 47

Neu!

OFF ROAD REISEBÜRO

Besuchen Sie unseren OFF ROAD Reiseclub mit seine wechselnden Antiquitätenaustellungen aus aller W

Unsere Spezialitäten

- Nordamerika
- Alaska
- Karibik
- Nordafrika
- Asien (China, Vietnam, etc.)
- Australien
- Neuseeland

Das Off Road Reisebüro Vertragspartner von

- ADAC Reisen
- LTU Touristik
- Meier's Weltreisen
- Jahn Reisen
- und den bedeutendsten Spezial-Reise-Anbiete in Europa

OFF ROAD Reise und Freizeit GmbH • Alte Landstr. 21 • 85521 Ottobru

Bulldozzer haben die staubigen Wege in den Berg planiert, damit die Skiregion mit allem Nötigen versorgt werden kann und die Skifahrer problemlos über Ziehwege von Lift zu Lift schaukeln können.

Baum und kein Strauch bietet hier Schutz bei einem Unwetter. Klar, im Geländewagen ist man sicher vor den Unbilden der Witterung, aber die staubigen Pisten, die hier oben planiert sind, können sich schnell in reißende Bäche verwandeln. Außerdem ist die Orientierung in über zweitausend Meter nahezu unmöglich, sobald man in den Wolken fährt. Also nehmen auch Sie den Warnhinweis ernst und fahren Sie nur dann über den Col de Valbelle, wenn es das Wetter erlaubt.

Ein Skigebiet im Sommer ist schon ein bizarrer Anblick. Wir fahren über eine Mondlandschaft, die das rauhe Klima hervorgebracht hat. Und in diese Mondlandschaft haben die Bulldozer Schneisen planiert. Einerseits sind dies Versorgungsstraßen für Lifte und Skihütten, andererseits Ziehwege für die Skifahrer. Und dazwischen stehen die Stahlgerippe der Seilbahnen, die aus einer anderen Welt zu kommen scheinen. Und erst im Spätherbst, wenn der Schnee gnädig alle Umweltsünden überdeckt, wird

Phantastische Ausblicke auf die benachbarten Dreitausender öffnen sich am Col de Valbelle (oben). Bäume wachsen in dieser Höhe schon lange nicht mehr (unten).

Die Zitadelle von Mont Dauphin

Die Spannungen zwischen dem Herzogtum Savoyen und Frankreich erreichten im 17. Jahrhundert ihren Höhepunkt, als sich der Herzog Victor Amadeus II. der habsburgischen Koalition gegen Ludwig XIV. anschloß. 1692 gelang es den Soldaten Savoyens bis nach Gap vorzustoßen. Um hier einen Riegel vorzuschieben ließ Ludwig XIV. durch seinen berühmten Festungsbaumeister Vauban die Zitadelle von Mont Dauphin errichten. In der alten Garnisonsstadt kann man noch heute die gezackten Außenwerke und die Wallgräben erkennen, von denen eindringende Truppen in Flanke und Rücken beschossen werden konnten. Auch zahlreiche Artilleriestellungen mit ihren überlappenden Schußfeldern können lokalisiert werden.

Dank günstiger Mieten leben heute zahlreiche Kunsthandwerker in den Mauern von Mont Dauphin.

aus dieser bizarren Einöde wieder ein idyllisches Wintermärchen, das Abertausende von Touristen anzieht.

Wir verlassen die Hochebene über eine breit ausgebaute Piste, die zum Col de Valbelle führt. Am Bergkamm öffnet sich uns ein phantastischer

BREITE PISTEN DURCHZIEHEN DAS HOCHPLATEAU

Blick hinunter ins Tal von Guillestre und hinüber auf die benachbarten Dreitausender, ehe uns die Ziehwege hinunter zur Talstation des Skigebiets bringen. Die Retortenstadt Station de Risoul liegt auf 1850 Meter Höhe, und es ist nicht viel los hier im Sommer. Doch die Teerstraße zeigt uns, daß uns die Zivilisation wieder hat. Wir fahren also hinunter zum Ort Guillestre und besuchen das nahegelegene Fort Dauphin (D 902a Richtung West; siehe Kasten).

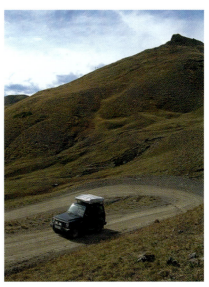

Im Sommer ist es hier oben recht einsam, im Winter tobt der Skizirkus.

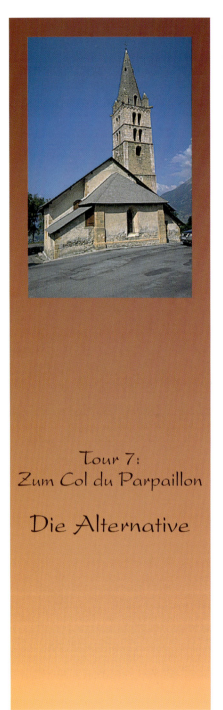

Tour 7:
Zum Col du Parpaillon

Die Alternative

Wer kennt ihn nicht in der Geländewagenszene, den Col du Parpaillon, jenen 2788 Meter hohen Schotter-Klassiker in den französischen Alpen? Doch schon die Anfahrt dorthin kann man auf Alternativrouten absolvieren, die einerseits durch herrliche Landschaften und winzige, abgelegene Dörfchen führen und andererseits auch die Möglichkeit bieten, sich auf beschaulichen Schotterwegen schon ein bißchen warm zu fahren, ehe es ernst wird am Col du Parpaillon.

Ein letztes Mal ist die Ortschaft Embrun an der Nordost-Spitze des Lac de Serre Poncon Ausgangspunkt für eine unserer Touren. Es zieht uns weiter Richtung Süden, um in mediterraner Landschaft auf Entdeckungsreisen zu gehen. Doch dazwischen liegt noch die Montagne de Parpaillon, eine knapp 3000 Meter hohe Bergkette mit ihrem Schotter-Klassiker.

ALTERNATIV-ANFAHRT ZUM OFFROAD-KLASSIKER

Natürlich kann man dieses Gebirgsmassiv entweder im Westen auf der D 900 umfahren oder auf der Teerstraße des Col de Vars problemlos überqueren – doch der Reiz liegt genau in der Mitte zwischen diesen beiden Routen. Direkt neben der höchsten Stelle überquert nämlich der Offroad-Klassiker Col du Parpaillon dieses Massiv (Tourenbeschreibung: Tour 8).

Während normalerweise die Anfahrt zum Col du Parpaillon über die gut ausgebaute D 39 erfolgt, haben wir uns auf die Suche nach einer ab-

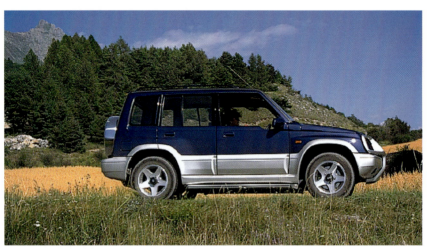

Über sanfte Wiesen und Weiden schlängelt sich der Weg bergauf.

Die Errosion hat ihre Spuren am Berg hinterlassen (oben). Bei Praveyral quert die Piste den Talgrund (rechts).

wechslungsreicheren Alternativroute gemacht und diese auch gefunden. Die IGN-Karte (Blatt 54; 1:100.000) zeigt eine Piste, die von der Ortschaft Le Gaillards, vier Kilometer südöstlich von Embrun gelegen, direkt zum Beginn der Paßstraße über den Parpaillon führt. Doch der Einstieg zu dieser hat einen Haken: Er führt nämlich mitten durch einen Bauernhof. Deshalb sei hier auch nur erwähnt, daß der Beginn der Tour in Le Gaillards möglich ist, wer will, kann ihn auf eigene Faust suchen. Wir jedoch beschreiben ihn hier im Buch nicht. Denn erstens finden wir, daß wir als Gäste die Privatsphäre der Einheimischen achten sollten und zweitens wird sich der Bauer schnell was einfallen lassen, wenn in der Ferienzeit Dutzende von Geländewagen durch seinen Hof fahren. Deshalb haben wir einen anderen, problemlosen Einstieg zu diesem Schotterweg gesucht, bei der Ortschaft Praveyral gefunden und im Roadbook so beschrieben.

Einfach die Tour – Herrlich die Landschaft

Mal geht es durch den Wald, dann...

Schon die Anfahrt über das schmale Asphaltband der D 39a ist ein Vergnügen. Eng schlängelt sie sich an den Ausläufern der Montagne de la Ratelle entlang und gibt immer wieder den Blick zurück zum Lac de Serre Poncon frei. Von der Errosion bizarr geformte Bergrücken bringen uns zum Staunen, winzige Ortschaften in denen noch das ursprüngliche alpenländische Leben zu herrschen scheint, wecken romantische Gefühle in uns.

Die Tour ist einfach zu fahren aber landschaftlich reizvoll.

...öffnet sich der Blick ins Tal wieder.

Am Ortsende von Praveyral biegen wir von der D 39 rechts auf einen Schotterweg ab, der unten im Talgrund über den Bach zur gegenüberliegenden Hangseite führt. Über ausgedehnte Wiesen und Weiden führt der Schotterweg und gewinnt dabei wieder an Höhe um dann in einen Bergwald zu münden. Nach drei Kilometern treffen wir auf jene Piste, die ursprünglich unser Interesse geweckt hatte. Wir biegen in sie Richtung Osten ein (Wegweisung Crevoux) und folgen ihr bis zum Beginn der Paßstraße über den Col du Parpaillon. Die Piste stellt fahrerisch keinerlei Probleme dar und ist so ideal zum Warmfahren, ehe es in die wirklich hohen Berge geht.

Wer die schnelle Anfahrt zum Col du Parpaillon sucht, der bleibt in Praveyral auf der D 39 und folgt ihr bis zur Straßengabelung kurz vor Crevoux. Dort zweigt er links ab und folgt den Wegweisern Richtung C. d. Parpaillon. Die gesamte Anfahrt auf der Hauptstraße ist gut beschildert. ■

Achtung! Holzfäller

Die Bergwälder in den französischen Alpen dienen nicht nur als Erholungsgebiet, sie sind auch ein landwirtschaftlich genutzes Gebiet: Holzfällarbeiten sind deshalb an der Tagesordnung. Das unten gezeigte Schild weist

auf die Gefahren hin, die von solchen Arbeiten ausgehen. Verschieben Sie deshalb das Befahren einer Tour, wenn Sie dieses Schild am Wegesrand sehen. Da der Urlaub aber meist zu kurz ist, um das Ende der Holzfällarbeiten abzuwarten, wird Ihnen nichts anderes übrig bleiben als die Tour – zumindest für dieses Mal – komplett zu streichen.

Die Warnschilder sind oft nur talwärts der Gefahrenstelle aufgestellt, so sind wir versehentlich einmal von der Bergseite her in so ein Gebiet eingefahren, doch wir hatten Glück: es war Sonntag und da haben auch die Holzfäller frei ...

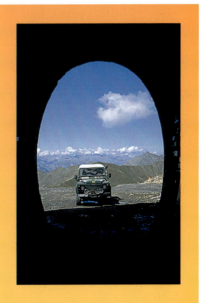

Tour 8:
Le Grand Parpaillon

Der Klassiker

Sein Name klingt wie Donnerhall und er ist der Traum vieler Offroader: der Col du Parpaillon. Mit rund 2700 Meter ist er einer der höchsten Schotterpässe in den Alpen, und oben lockt auch noch ein Tunnel, in dem ewige Finsternis und Permafrost herrschen. Aber er ist gar nicht so leicht zu finden, denn gut versteckt liegt er abgelegen von den Hauptverbindungsstraßen am Ende eines Seitentals nur 15 Kilometer südöstlich des Lac de Serre Poncon.

Wir erreichen den Fuß der Paßstraße des Col du Parpaillon über die Schotterwege der Tour 7. Wer die schnelle Anfahrt sucht, der fährt von Embrun aus über die D 39 Richtung Crevoux und folgt der guten Beschilderung auf der Hauptstraße bis zum Beginn der Schotterpiste – jetzt ist auch er bei Bild 1 des Roadbooks Nr. 8 Col du Parpaillon.

Im Jahr 1892, so sagt es eine Gedenktafel oben am Tunneleingang, hat der Militärgouverneur von Lyon, General Berge, die Paßstraße über den Col du Parpaillon mit ihrer kühnen Tunnelkonstruktion, die den Bergkamm in rund 2700 Meter Höhe durchquert, bauen lassen. Die Angaben über die genaue Höhenlage des Tunnels schwanken. In unserer (neuen) Landkarte sind 2788 Meter über dem Meeresspiegel angegeben, während am Tunneleingang „alt. 2643 M" eingemeißelt steht. Sei's drum, er ist jedenfalls so hoch, daß er aufgrund der Schneelage oft neun Monate im Jahr unpassierbar ist. Diese Tour ist also nur in den wenigen Hochsom-

Die Auffahrt zum Parpaillon ist einfach.

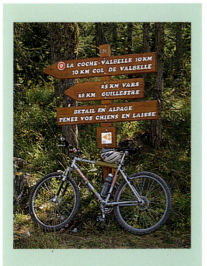

mermonaten möglich. Als wir den Col du Parpaillon Anfang September unter die Räder genommen haben, ist schon wieder der erste Schnee gefallen – zwar nur wenig, doch der Winter hat sich bereits angekündigt.

Die ersten Kilometer der Paßstraße führen durch den Bergwald, ehe sich eine Hochfläche mit Almwirtschaft öffnet. Hier am Anfang der Tour treffen wir noch auf viele Ausflügler, die die kühle Bergluft genießen. Mit zunehmender Höhe wird es aber immer einsamer, gerade noch zwei Mountainbiker und einen anderen

Rücksicht auf Moutainbiker

Neben uns Offroadern gibt es noch eine Vielzahl von anderen Erholungssuchenden, die in den französischen Alpen ihrem Hobby nachgehen. Zu den Wanderern und Endurofahrern haben sich in den letzten Jahren immer mehr Mountainbiker gesellt, die heute wohl die Gruppe ausmachen, auf die man am häufigsten trifft. Auf den Schotterwegen preschen sie oft mit ziemlich viel Speed ins Tal, und kommen dann ganz beachtlich in Schwierigkeiten, sobald ein Geländewagen im Weg ist. Deshalb sollte man nicht nur am Col du Parpaillon stets mit bergabrauschenden Radlern rechnen und, sobald sie vor dem Kühler auftauchen, Platz machen. Bei Vollbremsungen auf losem Untergrund wird so ein Mountainbike nämlich reichlich instabil.

Mit rund 2700 Meter ist der Col du Parpaillon einer der höchsten Schotterpässe in den Alpen.

Offroader treffen wir auf der gesamten weiteren Strecke.

Die Auffahrt zur Paßhöhe ist fahrerisch einfach, erst auf der anderen Bergseite, nach dem Durchqueren des Tunnels, wird die Strecke etwas anspruchsvoller. Eine Vielzahl von Serpentinen bei der Talfahrt erfordert die ungeteilte Aufmerksamkeit des Fah-

In rund 2700 Meter Höhe durchquert ein Tunnel das Gebirgsmassiv.

rers, der einigermaßen schwindelfrei sein sollte. Auch der Tunnel du Parpaillon hat es in sich. Zum einen ist er stockfinster, man sollte also seinen Augen etwas Gewöhnungszeit bei der Einfahrt lassen. Zum anderen ist der Fahrbahnbelag ausgewaschen und oft eisig, auch im Hochsommer kann

Bei Les Prats, auf der Südseite des Parpaillon, erklärt eine Schautafel die Region.

Anfang September hat es auf den Bergspitzen schon wieder geschneit.

dies noch der Fall sein – also Vorsicht walten lassen, es kann nämlich unerwartet glatt sein im Tunnel. Zusätzlich tropft es stark von der Decke, wodurch sich oft Eiszapfen bilden und wenn die herabfallen, dann sollte man tunlichst im Auto sitzen, sonst gibt's womöglich eine Beule am Kopf. ■

Die Serpentinen fordern bei der Abfahrt die ganze Aufmerksamkeit des Fahrers.

Im Lauf der Zeit:
Route Napoléon – Geschichte einer Region

Auch im ausgehenden 20. Jahrhundert wird Kaiser Napoléon in Frankreich ein ehrendes Andenken gewährt. Das letzte Kapitel seiner Herrschaft, die sogenannten Hundert Tage, begann in den französischen Seealpen. Die Route Napoléon erinnert heute noch an die Rückkehr des Monarchen aus dem Exil auf der Insel Elba und an seinen Marsch durch die Region.

Die Befreiungskriege, die das Ende der Napoléonischen Herrschaft in Europa auf ihre Fahne geheftet hatten, gipfelten 1813 in der Völkerschlacht bei Leipzig, die zu einer Niederlage Napoléons führte. Im März 1814 nahmen die Alliierten Paris ein und zwangen Napoléon zur Abdankung. Er durfte zwar den Kaisertitel behalten, wurde jedoch auf die Insel Elba verbannt. Differenzen der Alliierten auf dem Wiener Kongreß ermutigten Napoléon, noch einmal nach der Macht zu greifen. Er verließ Elba im März 1815 und landete in Cannes. Von dort marschierte er binnen 24 Stunden 95 Kilometer und erreichte über Grasse den Weiler Séranon. Nach weiteren zwei Tagen Marsch über 1100 m hohe Pässe und tiefen Schnee wurde am 4. März Digne er-

Entlang der Route Napoléon erinnern viele Denkmäler an den Kaiser.

geländewagen magazin

DAS ABO.
FÜR 66 MARK
PRO JAHR

Coupon ausschneiden oder kopieren und einsenden an:
AVC, Doris Krüger, Bahndamm 9, 23617 Stockelsdorf

ABO-COUPON

  schicken Sie mir das **geländewagen magazin** ab sofort für zunächst ein Jahr regelmäßig ins Haus. Nach einem Jahr kann ich ohne Begründung jeweils 6 Wochen vor Ablauf des Lieferjahres kündigen.

_____
Name /Vorname

_____
Straße/Hausnummer (kein Postfach)

_____
PLZ/Ort

_____
Datum   Unterschrift

geländewagen magazin-Vertrauensgarantie:
Ich kann diesen Vertrag innerhalb von 10 Tagen nach Eingang dieser Bestellung schriftlich beim **geländewagen magazin-Aboservice,** AVC, Stockelsdorf widerrufen. Zur Wahrung der Frist genügt die rechtzeitige Absendung des Widerrufs.

_____
Datum/2. Unterschrift (aus rechtlichen Gründen erforderlich)

Gewünschte Zahlungsart
☐ Nach Erhalt der Jahresrechnung über DM 66,–
☐ Auslandsabonnement: (jährlich DM 66,– plus Porto)
☐ Ich bezahle das Abonnement von **geländewagen magazin**
   bequem und bargeldlos durch Bankeinzug (jährlich DM 66,–)

_____
Kontonummer   BLZ

_____
Geldinstitut/Name der Bank   Kontoinhaber

Der Frei-Haus-Bezugspreis ergibt sich aus der jeweils gültigen Preisübersicht.

ALLRAD-FREUNDE AUFGEPASST!

Fahren Sie mit unserer Zeitschrift *ALLRAD* ins Anzeigen-Gelände!

Dort warten auf Sie:

✔ alle erdenklichen Geländewagen, Vans und Nutzfahrzeuge
✔ jede Menge private Fotoanzeigen, übersichtlich nach Marken geordnet
✔ Teilemarkt und Zubehör
✔ die Allrad-News mit Neuigkeiten am Markt
✔ und eine spannende Leserstory!

4,50 DM

Die 4x4 Allrad Markt erscheint alle zwei Monate im gesamten Bundesgebiet sowie in Österreich, Luxemburg, Belgien und Ungarn im Zeitschriftenhandel erhältlich.

FOTOANZEIGEN NATÜRLICH KOSTENLOS

reicht, wo Napoléon eine Proklamation drucken ließ, in der die französische Armee aufgefordert wurde, sich ihm anzuschließen. Bis dahin konnten nicht einmal genug Pferde für die polnischen Lanzenreiter beschafft werden. Der weitere Weg führte über Sisteron und Gap nach Grenoble, von wo er sich auf den weiteren Weg nach Paris begab. Die Nagelprobe kam am 8. März, als die 1100 Mann starke Truppe nahe dem Dorf Caps auf ein Bataillon des 5. Linienregiments traf, das dort Stellung bezogen hatte. Auf Napoléons Anfrage, ob der Kommandeur auf ihn schießen würde, antwortete dieser, daß er seine Pflicht tun werde.

Daraufhin ließ Napoléon die Trikolore entfalten und die Marsaillaise anstimmen und ritt auf die gegnerischen Soldaten zu. Er trug seinen wohlbekannten grauen Feldmantel, und nachdem er sich bis auf Pistolenschußweite genähert hatte, schlug er den Mantel zurück und rief: „Nun Franzosen, wenn Ihr Euren Kaiser töten wollt – voilà hier bin ich!" Daraufhin donnerte ihm ein „Es lebe der Kaiser!" entgegen und die Soldaten stürmten jubelnd auf ihn zu. So gelang es ihm erneut, die Herzen der Franzosen für sich zu gewinnen, selbst das gut bewaffnete Grenoble fiel ohne Gegenwehr in seine Hände. Die Alliierten konnten und wollten sich aber nicht mit Napoléons Rückkehr abfinden und zogen gegen den Korsen zu Feld. Dieser versuchte,

Die Herrschaft der Hundert Tage

seine Gegner einzeln zu schlagen, was in der Schlacht von Ligny gegen die Preußen beinahe erreicht wurde. Aber eben nur beinahe, denn es folgte am 18. Juni 1815 die Schlacht von Waterloo, in die die Preußen doch noch eingreifen konnten. Der Tag endete mit einer fürchterlichen Niederlage, die Napoléons Sturz besiegelte und zur Verbannung nach St. Helena führte. Das Intermezzo, das mit dem Marsch über die Alpen begann, wird die Herrschaft der Hundert Tage genannt. ■

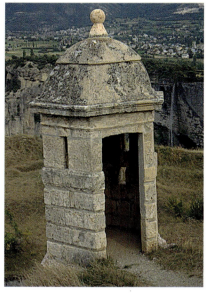

Jeder Herrscher wollte seine Macht mit Wehrbauten sichern.

Jeder soll es wissen: Hier kam Napoléon bei seiner Flucht von Elba vorbei.

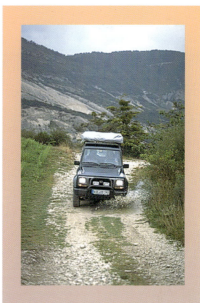

Tour 9:
Moriez – Lambruisse

Mediterrane
Höhenwege

Weniger hoch, dafür aber mediterraner in ihrer Anmutung, sind die Berge hier in den südwestlichen Ausläufern der Alpen. Verständlich, trennen uns doch gerade einmal sechzig Kilometer Luftlinie von Cannes, der Metropole an der Côte d'Azur. Lavendelfelder am Wegesrand sagen uns noch ein Zweites: Auch Grasse, das Herz der französischen Parfumindustrie ist ganz in der Nähe.

Die Côte d'Azur mit ihrem bevorzugten Klima, dem azurblauen Meer und den berühmten Ferienoasen zieht jährlich Millionen von erholungssuchenden Touristen an. Was also liegt näher, als den Badeurlaub mit Offroad-Ausflügen zu kombinieren? Doch das unmittelbare Hinterland der Côte d'Azur ist für Abstecher ins Gelände denkbar ungeeignet. Erstens ist es sehr dicht besiedelt und zweitens findet alljährlich eine Touristen-Invasion statt, was in Kombination dazu führt, daß jeder Privatweg gesperrt ist. Gleichzeitig ist die Angst vor Waldbränden extrem ausgeprägt, auch das führt dazu, daß Geländeabstecher meist verboten sind (siehe auch Seite 96/97: Côte d'Azur).

Lavendel

Immer wieder wird man im westlichen Mittelmeergebiet, speziell in Südfrankreich, auf die typischen Lavendelfelder stoßen. Die Halbsträucher werden bis zu 60 Zentimeter hoch und sind leicht an ihren charakteristischen silbergrau-filzigen Blättern sowie den blauvioletten Blüten zu erkennen. Der Name kommt vom lateinischen lavare (waschen) und rührt daher, daß Lavendel gerne als Badeessenz verwendet wurde. Die Kosmetikindustrie nutzt die Pflanze, um aus den Blättern des echten Lavendels ein farbloses ätherisches Öl (Lavendelöl) zu gewinnen, das zur Herstellung von Lavendelwasser verwendet wird. Um etwa 40 Kilo Extrakt zu destillieren, werden immerhin 3000 Kilo Lavendel benötigt. Für die Dorfbewohner in den einsamen Hochebenen sorgten Schafherden und Lavendelzucht für einen bescheidenen Broterwerb, doch ist diese Lebensform mittlerweile vom Aussterben bedroht.

Man sollte also einen gewissen Sicherheitsabstand von der Côte d'Azur halten, um weitgehend ungehindert auf Abwegen wandeln zu können. Die in diesem Offroad-Führer beschriebenen Touren 9 bis 13 liegen alle im Hinterland der Mittelmeerküste, halten von ihr aber einen Abstand von mindestens 30 Kilometer Luftlinie. Der Ausgangspunkt der Tour von Moriez nach Lambruisse ist die Ortschaft St. André-les-Alpes. Das Dorf ist auf der Karte leicht zu finden: Rund 30 Kilometer nord-westlich von Cannes wird der Fluß Verdon aufgestaut. Und an der Nordspitze des

Keine Offroadpiste, sondern eine Verbindungsstraße zwischen zwei Dörfern.

DIE WEISSEN FLECKEN AUF DER LANDKARTE LOCKEN

Offroad-Spaß kurz vor dem Etappenziel: eine Furt kreuzt den Bach.

selbst im Shell-Atlas eingezeichneten Stausees (Bge. de Castillon) liegt der Ort St.-André-les-Alpes.

Wir verlassen die Ortschaft, die gute Versorgungsmöglichkeiten mit Tankstelle und Supermarkt bietet, auf der N 202 in westlicher Richtung. Nach rund drei Kilometern erreichen wir Moriez, wo wir von der Hauptstraße abbiegen. Über Hyèges führt uns die D419 nach Les Chaillans. Am Ortseingang fahren wir nicht links die Teerstraße zu den Häusern weiter, sondern geradeaus auf die Schotterpiste.

Die Landschaft unterscheidet sich hier ganz wesentlich von den bisher gefahrenen Touren. Die Berge sind

Der südländische Stil wird deutlicher.

niedriger, nurmehr 1300 bis 1700 Meter hoch, ihre Kuppen sind rund und bewaldet – eine Mittelgebirgslandschaft öffnet sich uns auf dieser Tour. Doch auch die Vegetation ist eine andere geworden: wir sind in der Provence gelandet, genauer in den Alpes de Provence, und das merkt man.

Auf den kargen und windumtosten Hochflächen gehen nur mehr wenige Bauern der harten Arbeit des Getreide- und Lavendelanbaus nach. Bereits im 19. Jahrhundert hat die Landflucht eingesetzt und bis heute angehalten. So verwundert es nicht, daß die Alpes de Provence eine extrem geringe Be-

Die urwüchsige Mittelgebirgslandschaft lockt mit einsamen Pisten.

siedelungsdichte aufweisen. Während in der Provence durchschnittlich 136 Menschen pro Quadratkilometer leben, kommen in den Alpes de Haute Provence nur 19 Bewohner auf die gleiche Fläche.

Entsprechend einsam sind die Wege, die uns hier über die Plateaus führen. Vorbei an verlassenen Steinhäusern, die südländische Eindrücke vermitteln, und quer durch abgeerntete Felder. Der Lavendel, der hier neben der Piste angebaut wird, weist auf die Nähe der Ortschaft Grasse hin, die als Zentrum der französischen Parfumherstellung gilt. Doch noch ein zweites Highlight, das es zu besuchen lohnt, liegt ganz in der Nähe: der Grand Canon du Verdon. Nur ein paar Kilometer südwestlich des Stausees Barrage de Castillon hat sich der Fluß Verdon bis zu 400 Meter tief in das Kalksteingebirge eingegraben. Senkrechte Wände bilden oft eine im Tal gerade einmal ein paar Meter breite Schlucht.

Doch unser Weg führt uns durch die urwüchsige Landschaft weiter nach Norden, bis wir eine kleine Ortschaft erreichen. Kein Ortsschild nennt den Namen, doch die hilfsbereiten Bewohner weisen uns den Weg. Es handelt sich um den Weiler Rebière de l'Issole, und die Teerstraße, die die Ortschaft verläßt, führt direkt auf die D 219, die Verbindungsstraße zwischen dem Nichts und der Einöde auf der anderen Seite der Berge. Jetzt haben wir es geschafft: Wir sind endgültig am Ende der Welt angekommen. Eine Steigerung verspricht nur noch die Tour über den Col de Séoune, die ein paar hundert Meter links von hier beginnt: in Lambruisse, der größten Ortschaft des gesamten Tals, der die Karte immerhin 50 Einwohner zugesteht. ■

WIR HABEN ES GESCHAFFT: HIER IST DAS ENDE DER WELT

Tour 10:
Col de Séoune

Einsamkeit in den Alpes de Provence

Sie lieben die Einsamkeit und das romantisch-beschauliche Leben auf dem Land? Dann sind Sie in den Alpes de Provence richtig. Selbst für französische Verhältnisse ist die Region extrem dünn besiedelt und romantisch geht es hier auch zu, die Zeit scheint vor Jahrhunderten einfach stehen geblieben zu sein. Doch was uns idyllisch erscheint ist lediglich das Ergebnis einer steten Landflucht, da das karge Bergbauernleben der Jugend kaum Perspektiven bietet.

Nur in Skandinavien habe ich bisher erlebt, daß Karten so lügen können. Dort fährt man Dutzende von Kilometern, weil in der Karte in fetten Lettern eine Ortschaft eingezeichnet ist. Kommt man dann am Ziel an, stellt man fest, daß es sich gerade mal um eine Straßenkreuzung und vier Häuser handelt – kein Laden, keine Tankstelle weit und breit, einfach nichts. Und so ähnlich ist es auch hier im französischen Outback. Die Region der Alpes de Provence döst verlassen zwischen den Mittelmeerstränden im Süden und den Wintersportorten im Norden. Der Startpunkt unserer Tour über den Col de Séoune liegt in der Ortschaft Lambruisse (laut Karte 50 Einwohner), das Ziel ist das doppelt so große Thorame Basse.

ROMANTISCH ERSCHEINT UNS DAS HARTE LANDLEBEN

Lassen Sie sich also von den vielen Ortschaften, die in den detaillierten IGN-Karten eingezeichnet sind nicht täuschen: Das hier ist eine absolut einsame Region. Wir tun gut daran, die Infrastruktur von St.-André-les-Alpes zu nutzen, denn nur wenn der Tank und die Kühlbox voll sind, kann man in den Alpes de Provence unbesorgt herumfahren.

Der Einstieg zur Paßstraße über den Col de Séoune ligt an der Brücke rund einen halben Kilometer nördlich von Lambruisse – dem Etappenziel der

Die Region ist einsam und die Orientierung nicht immer einfach – doch die freundlichen und hilfsbereiten Bewohner wissen immer weiter.

Tour 9 Moriez–Lambruisse. Wer die Tour direkt in Angriff nehmen möchte, ohne über Tour 9 zu fahren, der findet Lambruisse indem er St.-André-les-Alpes (Lage in Tour 9 beschrieben) in nördlicher Richtung auf der D 2 verläßt. Nach acht Kilometern zweigt links die D 219 ab, die einen zwangsläufig nach Lambruisse führt.

Im Tal schlängelt sich der Feldweg entlang des Flüßchens l'Encure über saftige Weiden, ehe er an Höhe gewinnt. Die Schafherde, die uns begegnet, zeugt von der Fruchtbarkeit der Wiesen. Weiter oben wird die Region dann wieder karstiger, gezeichnet vom steten Wind, der über die Höhenzüge weht. Auch sollte man sich, was die Temperaturen angeht, nicht durch die Nähe des Mittelmeeres täuschen lassen. Nachts kann es hier empfindlich kalt werden und auch im Winter herrscht hier keine mediterrane Wärme, vielmehr bläst ein kalter Mistral über die Region, und selbst Frost ist möglich. Dennoch, die Touren hier im Süden sind meist ganzjährig zu befahren, wenngleich die schönsten Tourenmonate zwischen Mai und September liegen. Hier bietet die Provence die attraktive Möglichkeit Badefreuden, Landschaftserlebnis, Kultur und Offroad-Touren in einem einzigen,

DIE BESTE REISEZEIT IST VON MAI BIS SEPTEMBER

abwechslungsreichen Urlaub zu kombinieren. Wen es an die nahegelegene Côte d'Azur oder auch zu den anderen Touristen-Attraktionen zieht, der sollte den August meiden, da ist garantiert alles überfüllt.

Die Tour über den Col de Séoune ist einfach zu fahren.

An dieser Stelle noch ein paar Anmerkungen zur touristischen Infrastruktur. Hotels oder Campingplätze sucht man in den Weilern der Haute Provence ebenso vergebens wie Restaurants oder Supermärkte. Neben der Kreisstadt St.-André-les-Alpes, wo Versorgungsmöglichkeiten aller Art vorhanden sind, lohnt auch St.-Julien-du-Verdon, in der Mitte des Barrage de Castillon am Ostufer gelegen, einen Besuch. Zum Ersten gibt es hier einen brauchbaren Übernachtungs-Campingplatz (direkt an der Hauptstraße). Zum Zweiten ist in der Ortschaft ein passables Hotel mit einem besuchenswerten Restaurant, dessen Spezialität Pizzas sind, die im holzbefeuerten Steinofen im Freien gebacken werden. Das Hotel mit seinem Restaurant kann man ebenso wenig verfehlen wie den Campingplatz – es handelt sich in beiden Fällen um das einzige in St.-Julien-du-Verdon. Doch auch das uralte Dorf selbst, mit seinen Steinhäusern und der Kirche lohnt einen Besuch, ebenso wie der Sporthafen unten am See.

Reiner Schotterbelag (oben), wechselt ab mit gut erhaltenen Feldwegen (unten).

Die Tour über den Col de Séoune endet in der Ortschaft La Batie, wo man auf die D 2 trifft. Wenn man nun in diese nach rechts einbiegt und Richtung Süden fährt, kommt man nach rund 13 Kilometern direkt zurück nach St.-André-les-Alpes. Wer nach links auf die D 2 einbiegt, der kommt über Thorame-Basse und Thorame-Haute nach rund zehn Kilometer Fahrtstrecke auf die größere, in Nord-Südrichtung verlaufende D 908.

Wer trotzdem noch Orientierungsprobleme hat, der kann es uns nachmachen und einfach einen Einheimischen fragen. Aus solchen Situationen ergeben sich oft interessante Gespräche – und diese Kontakte machen ja auch den Reiz des Reisens aus. ■

Auf einer guten Piste durch den Wald schlängelt sich der Col de Séoune von der Paßhöhe hinunter in die Ortschaft La Batie.

Vorsicht, Springflut!

Wo immer sich die Möglichkeit gibt, werden die Flüsse in den französischen Alpen zur Stromgewinnung aufgestaut. Entsprechend häufig finden sich an den Flußufern solche Hinweisschilder. Sie warnen davor, sich an engen Stellen im Bachbett aufzuhalten. Wird oben nämlich eine Schleuse geöffnet, steigt der Wasserstand urplötzlich stark an. Dehalb meiden Sie an diesen Orten das Flußbett oder lassen Sie zumindest größte Vorsicht walten, wenn Sie dort hinunter müssen, um beispielsweise ein Foto zu schießen.

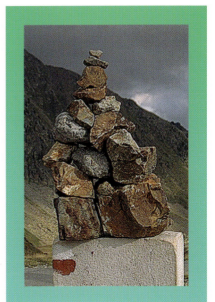

Tour 11: Col de Tende

Schmugglerpfade im Grenzgebiet

Relativ oft treffen wir in der Grenzregion auf Endurofahrer – Rücksicht ist geboten.

Wer von den norditalienischen Großstädten Mailand oder Turin an die französische Mittelmeerküste will, der rauscht unten im Tunnel durch den Col de Tende. Wir aber nehmen die alte Schotterstraße, die von der französischen Seite her auf den Paß hinaufführt. Auf dem Berggipfel steht dann auch noch das Fort Central, das einst die Kommandozentrale weitläufiger Befestigungsanlagen war und das es zu erkunden gilt.

Oben am Col de Tende treffen die drei Touren 11, 12 und 13 zusammen und lassen sich so ganz nach Belieben kombinieren. Die hier beschriebene Tour 11 Col de Tende kann dabei als kürzeste Anfahrtsroute bezeichnet werden. Auf nur neun Kilometer Streckenlänge windet sie sich in ungezählten Kehren vom Tal bis auf knapp 1900 Meter Höhe. Doch hier beginnt schon das erste Problem: Die Kehren sind ziemlich eng. Wenn man da mit einem großen Wendekreis zu kämpfen hat, dann rangiert man mehr als man fährt; für Fahrzeuge über 3,5 Tonnen Gesamtgewicht ist die Auffahrt zum Col de Tende ohnehin gesperrt. Und wer anschließend mit der Tour 13 Fort Central – La Brigue weitermachen will, den erwartet eine absolut enge Schotterpiste mit senkrechten Wänden nach oben und unten. Dort ist dann schon ein Geländewagen von den Abmessungen eines LandCruiser Station unhandlich groß.

Als zwar bedeutend längere, aber auch landschaftlich interessantere und weniger kurvenreiche Alternativ-Anfahrtsroute zum Col de Tende bietet sich die Tour 12 über das Val de Castérino an. Auch diese Tour 12 endet, wie Tour 11, oben am Col de Tende. So lassen sich ganz nach Lust und Laune – und der zur Verfügung stehenden Zeit, alle drei Touren beliebig miteinander kombinieren.

Schließlich kann man ein Roadbook auch mal rückwärts lesen – wer sagt denn, daß Sie die Tour 11 zum Col de Tende ausschließlich bergauf fahren dürfen, nur weil es im Roadbook zufälligerweise so beschrieben ist?

Die Anfahrt zum Col de Tende ist denkbar einfach, beginnt die Tour doch direkt an der N 204/E 74, der Hauptverbindungsstraße von Ventimiglia (zwischen San Remo und Monaco an der Côte d'Azur gelegen) zur italienischen A6/E 717, der Autobahn die Turin mit dem Mittelmeer verbindet. Wer den entsprechenden Wegweisern folgt, kommt so zwangsläufig zum Tunnel de Tende.

Der Einstieg zur Tour liegt in der ersten Haarnadelkurve südlich des Tunnels, nur ein paar hundert Meter von ihm entfernt. Im Roadbook ist die Anfahrt von der französischen Seite, also von der Ortschaft Tende her, be-

DREI TOUREN TREFFEN AM COL DE TENDE ZUSAMMEN

schrieben. Wer von Italien kommt, dies bietet sich als schneller Anreiseweg an, der verläßt die A6 bei Fossano, auf halbem Weg zwischen Turin und Mittelmeerküste, und fährt dann auf gut ausgebauten Straßen über Cuneo zum Tunnel de Tende.

Wichtig ist in beiden Fällen, daß man die südliche Auffahrt zum Col de Tende nimmt. Vom italienischen Skidorf Station de Limone-Piemonte führt

Wer einen großen Wendekreis hat, der kommt hier ganz schön ins Rudern.

Piemont – Blick über die Grenze

Piemont bedeutet „am Fuß der Berge": Fast die Hälfte der Region im Nordwesten Italiens nehmen die Berge ein. Turin, jahrhundertelang Hauptstadt des Savoyerreiches und für kurze Zeit auch Hauptstadt des vereinten Italiens, ist heute die Regionalhauptstadt Piemonts. Südwestlich Turins, am Monviso, nahe der französischen Grenze, entspringt der Po. Im Westen der Hauptstadt eröffnet sich das Susa-Tal, die älteste Verbindung zu Frankreich mit seinen Bergpässen des Monginervo und des Moncensio. Noch etwas nördlicher erhebt sich der einzige Viertausender, der ganz auf italienischem Gebiet liegt, der Gran Paradiso. Entlang der französischen Grenze nach Norden, vorbei am Aosta-Tal, erreicht man das beeindruckende Bergmassiv des Monte Rosa. Im Valsesia liegt Europas höchste Schutzhütte: die Margherita-Hütte auf 4559 m Höhe. Ganz im Norden ragt das Val d'Ossola in die Schweiz hinein, südöstlich fallen die Berge ab zu den Ufern des Lago Maggiore.

Wandern:
Der gesamte piemontesische Alpenbogen ist vom GTA (Grande Traversata delle Alpi, Großer Alpenwanderweg) durchzogen, durchgehend markiert mit rot-weißen Zeichen. Das piemontesische Fremdenverkehrsamt hat eine deutsche Broschüre zusammengestellt Montagna amica mit Anschriften von Bergführern, Kanu-, Kajak- und Raftingschulen, Mountainbike-Verleih und Berghütten.

Nationalparks:
Der Nationalpark Gran Paradiso erstreckt sich teilweise über piemontesisches Gebiet. Er ist der Vorläufer aller Nationalparks in Italien. Unter besonderem Schutz stehen auch die Naturparks der Argentera, des Pesio-Tals, der Orsiera-Rocciavre, der Veglia-Alpen und des Sesia-Tals.

Unterkunft:
Das Verkehrsamt Piemonts gibt alljährlich das kostenlose Buch Annuario Alberghi heraus mit Hotels und Ferienwohnungen samt aktuellen Preisen. Sehr übersichtlich informiert die kostenlose Karte Piemonte turistico über Geschichts- und Kunstdenkmäler, Sportzentren in den Bergen und Zeltplätze in Piemont.

Informationen:
Staatliches Italienisches Fremdenverkehrsamt ENIT, Kaiserstraße 65, 60329 Frankfurt, Tel. 069/237430, Fax 069/232894.
ENIT, Kärntnerring 4, A-1010 Wien, Tel. 1/6543 74, Fax 1/5050248.
ENIT, Uraniastr. 32, CH-8001 Zürich, Tel. 01/2113633, Fax 01/2113885.

Das Grenzgebiet ist mit Befestigungsanlagen gespickt (rechts).

In engen Serpentinen schlängelt sich die Paßstraße hoch zum Tende (oben).

nämlich ebenfalls ein Weg hoch auf den Col de Tende. Nur ist diese nördliche Auffahrtsroute bis zur Paßhöhe hinauf asphaltiert.
Oben am Col de Tende thront das Fort Central. Wer hier eine Panzerfestung erwartet, der wird ziemlich enttäuscht sein. Das Fort ist vielmehr eine verfallene Kaserne, die in vergangenen Zeiten – wie der Name schon sagt – die Zentrale weitläufiger Grenzbefestigungsanlagen war. Gut geschützt in einem kleinen Kessel gelegen, bestand seine Funktion in der Versorgung der verstreuten Stellungen. Wer diese besuchen möchte, der sollte die Tour 12 über das Val de Castérino fahren. Hier findet er Stellungen und Forts wie an der Perlenschnur aufgereiht am Wegesrand. Noch ein Tip für Fotografen: Die beeindruckende Serpentinenstrecke hoch zum Col de Tende (Foto oben) sieht man am besten vom Fort de la Marguerie aus. Dieses erreicht man am einfachsten, wenn man auf der Paßhöhe links den Feldweg vor dem Lift reinfährt. Nach ca. eineinhalb Kilometern ist man schon am Fort angelangt; wer die Tour 12 fährt kommt dort automatisch vorbei (Roadb. 12, Bild 25). ■

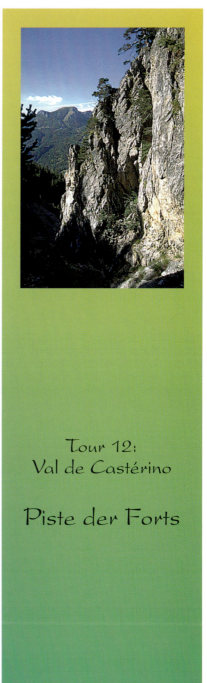

Tour 12:
Val de Castérino

Piste der Forts

Wir nehmen uns die Zeit, den Col de Tende über die lange Route durch das Val de Castérino anzufahren. Eine gute Entscheidung, wie sich herausstellt. Führt uns dieser Weg doch durch eine idyllische Almenlandschaft, vorbei an Kasernen, Forts und Stellungen, die einst der Grenzsicherung dienten und noch heute unsere Phantasie beflügeln. Einen Kontrast dazu bietet der Park National du Mercantour, der für Offroadausflüge natürlich tabu ist. Doch wie sagt das Sprichwort? Wo ein Wille ist, ist auch ein Weg ...

In St.-Dalmas-de-Tende verlassen wir die Hauptstraße N 204/E 74, die von Ventimiglia am Mittelmeer zum Tunnel de Tende führt. Wir biegen nach links ein in die D 91, und folgen ihr durch das Val de la Minière und weiter durch das Val de Castérino. Vorbei am idyllisch gelegenen kleinen Stausee Lac des Mesches geht es Richtung Castérino, einer kleinen Ortschaft am Ende des Tals. Obwohl, das mit dem Talende stimmt nur bedingt. Rund zwei Kilometer hinter der Ortschaft Castérino beginnt der Nationalpark von Mercantour. Und hier enden zwar nicht alle Straßen, aber befahren darf man den Nationalpark nur mit Sondergenehmigung. Für uns ist er also tabu. Doch auch wieder nicht ganz, denn verschiedene Veranstalter bieten geführte Offroad-Touren in den Nationalpark an (Infos siehe Kasten auf der nächsten Doppelseite). In den Hotels in Castérino kann man die verschiedensten Touren, mit Geländewagen, oder zu Fuß oder eine Kombination aus beidem buchen. Von der sechsstündigen Wanderung für trainierte Berggeher, bis zur reinen 4x4-Tour mit Picknick ist alles möglich.

Der leicht zu fahrende Höhenweg führt an der Grenze des Nationalparks entlang.

Idyllisch liegt der kleine Stausee im Val de Castérino (oben).

Die Auffahrt zur Hochebene führt teilweise über groben Schotter (rechts).

Als besondere Attraktion des Parc National du Mercantour gelten archäologische Fundstellen mit Felszeichnungen aus der Bronzezeit. Weniger historisch Begeisterte können sich an der Landschaft des Vallée des Merveilles mit seinen Bergseen erfreuen.

Doch um eine beeindruckende Gebirgslandschaft zu erleben, sind wir hier weder auf einen Führer noch auf einen Nationalpark angewiesen. So lassen wir die unübersehbar beschilderte Einfahrt in den Parc National du

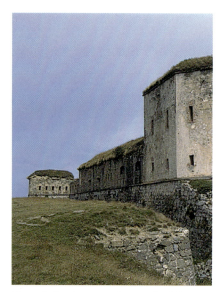

Grenzbefestigungen säumen den Weg.

Geführte Touren im Nationalpark

Die Tour über das Val de Castérino zum Col de Tende führt direkt an der Grenze des Parc National du Mercantour vorbei. Das Befahren des Parks ist aber nur in geführten Gruppen möglich. Solche Touren bieten die Hotels in der Ortschaft Castérino

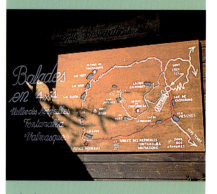

Mercantour links liegen und fahren über eine kleine Brücke hinüber auf die andere Talseite und dort an der Grenze des Parks entlang, grob Richtung Nord-Ost. Hier endet schon die Teerstraße und die heile Welt begegnet uns in Form einer Schafherde mit Hirten, die eine kleine Ewigkeit lang die Straße blockiert.

Doch daß es in der französisch-italienischen Grenzregion nicht immer so friedlich zugegangen ist, davon zeugen die vielen Befestigungsanlagen

WIR FAHREN AN DER GRENZE DES NATIONALPARKS ENTLANG

entlang der Höhenstraße hinauf zum Col de Tende, der das Etappenziel ist. Während die italienischen Truppen auf den Bergen der gegenüberliegenden Talseite ihre Grenze verteidigten, postierten sich die Franzosen eben hier heroben. Schwere kriegerische

direkt am Eingang zum Nationalpark an (Info-Tel.: Restaurant Le Sabione 00 33-4-93 04 79 57), oder aber auch das Hotel Le Mirval in La Brigue (Tel.: 00 33-4-93 04 63 71, Fax.: 00 33-4-93 04 79 81). Preisbeispiel von 1996: Für eine Tour im gestellten Geländewagen mit Fahrer berechnet das Le Mirval 450 Francs pro Person; zwei Nächte Halbpension im Doppelzimmer plus Tour kosten 1000 Francs pro Person. Die Touren selbst sind individuell gestaltbar, entweder es geht ausschließlich im Geländewagen durch den Parc National du Mercantour oder aber es werden kürzere bis lange Wanderungen (bis sechs Stunden!) ins Programm integriert.

Kampfhandlungen sind aber eher unwahrscheinlich, schweigen sich die Chronisten doch über dieses Gebiet völlig aus: Während es zu anderen historischen Kriegsschauplätzen Unmengen an Literatur gibt, ist über diese Region praktisch nichts zu finden. Nein, Weltgeschichte scheint hier, gottlob, nie geschrieben worden zu sein.

Und trotzdem, die alten Bunker und Kasernen ziehen nahezu jeden, der hier vorbeikommt magisch an, wirken sie doch martialisch und so, als gehörten sie nicht hin, in diese verträumte Almidylle. Gibt es noch etwas Besonderes zu sehen, oder gar Neues zu entdecken? Vom Acht- bis Achtzigjährigen wird hier oben jeder zum Hobby-Archäologen. Doch Vorsicht, manche dieser alten geheimnisvollen Gemäuer scheinen reichlich einsturzgefährdet. Also Achtung: Steinschlag.

Nach insgesamt dreißig Kilometer Fahrstrecke erreichen wir den Col de Tende. Die Paßhöhe ist für uns gleichzeitig der Ausgangspunkt der Tour 13, die uns in einer langen Schleife über italienisches Gebiet wieder hinunter ins Tal nach La Brigue führt. Wer diese schwierige und auch lange Tour nicht in Angriff nehmen will, der kann entweder auf der kurvenreichen Schotterpiste wieder hinunter auf die

ALTE BEFESTIGUNGSANLAGEN SÄUMEN DEN WEG

französische Talseite fahren (Tour 11 in umgekehrter Richtung) oder aber auf der Teerstraße über Station de Limone-Piemonte hinunter nach Italien. Das ist zwar der schnellste, aber auch der fahrerisch am wenigsten reizvolle Weg.

Die intakte Gebirgslandschaft fesselt unsere Blicke.

Tour 13:
Fort Central -
La Brigue

Der krönende
Abschluß

Da man sich das Schönste immer zum Schluß aufheben soll, ist die letzte Tour in diesem Buch die längste und schwierigste. Vom Col de Tende aus fahren wir einen riesigen Bogen oben am Berg und somit an der Grenze entlang, bis hinunter nach La Brigue. Achtzig Kilometer ist die Tour lang, davon 70 Kilometer Schotterpiste. Stellenweise ist es so eng, daß der Landy fast die senkrechte Felswand streift, nur um dem gähnenden Abgrund auf der anderen Seite zu entkommen.

Wer einen großen Geländewagen hat, der ist arm dran hier oben. Wenn man nämlich vom Col de Tende in östlicher Richtung fährt, praktisch immer auf der Grenzlinie zwischen Frankreich und Italien entlang, dann wird es eng, manches mal sogar ziemlich eng. Die Piste, die hier teilweise in senkrechte Felswände hineingeschlagen ist, die hat es in sich.

FÜR BREITE GELÄNDEWAGEN WIRD ES STELLENWEISE ENG

Bedrohlich steil, teilweise überhängend, ragen die Gesteinsmassen auf der einen Seite des Landy in den Himmel hinauf, um auf die andere Seite Hunderte von Meter senkrecht in die Tiefe zu blicken – nichts für schwache Nerven. Die Bilder auf diesen Seiten können es gar nicht zum Ausdruck bringen wie schmal die Piste wirklich ist. Denn dort, in diesen engen Passagen, hatte der Fotograf nicht die geringste Möglichkeit den Wagen auf der Bergseite zu verlassen, weil die Felswand störrisch das Öffnen der Tür verhinderte. Und als er nach der

Wie aus einer anderen Welt: die Befestigungsanlagen am Col de Tende.

Wo die Natur genügend Platz läßt ist die Piste schön breit (oben). Hinter jeder Kehre ändert sich die Landschaft (rechts).

nächsten Kehre auf der Talseite hätte aussteigen können, weigerte er sich strikt, der Abgrund war ihm zu nah. Doch mit allem Ernst, diese Tour fordert die volle Aufmerksamkeit des Fahrers, denn sie ist nicht ganz ungefährlich. Speziell bei schlechtem Wetter hat man hier nichts zu suchen, allzuschnell kann bei ungenügender Sicht das zentimetergenaue Zirkeln zwischen Felswand und Abgrund ein paar hundert Meter tiefer enden, eine Straßensicherung fehlt selbst an den steilsten Abgründen. Auch die Gefahren, die von Steinschlägen und herunterstürzenden Wassermassen während eines Unwetters ausgehen, dürfen nicht unterschätzt werden. Doch wenn das Wetter paßt, dann ist diese Tour atemberaubend. Kühn ist die Trasse in den Fels geschlagen, schroff und abweisend, aber doch faszinierend die Natur. Dann, ein paar hundert Meter später, verläßt die Piste den Fels und führt über weich geschwungene Almwiesen, vorbei an anheimelnden Hütten.

Noch ein paar Tips für die engen Passagen. Fahren Sie vorausschauend, denn nichts ist unangenehmer, als ein anderer Offroader, dem man ausgerechnet an der schmalsten Stelle begegnet. Das kann trotzdem passieren, denn oft sieht man nicht um den Fels herum – dann ist es hilfreich, wenn sich beide Fahrer gemerkt haben, wie weit sie von der letzten Ausweichstelle schon entfernt sind: Die Entscheidung wer von beiden praktischerweise zurückfahren soll, fällt dann leichter. Noch ein letzter Tip: Wer ausschließlich auf den Weg schaut, der bleibt schnell einmal mit den oberen Fahrzeugteilen an Felsvorsprüngen hängen – speziell überbreite Dachzelte fallen solchen Felskontakten schnell zum Opfer.

Doch lassen Sie sich durch diese Zeilen nicht irritieren. Bei gutem Wetter, ohne Zeitdruck und mit der nötigen Umsicht angegangen, ist die Tour vom Fort Central nach La Brigue mit Sicherheit einer der Offroad-Höhepunkte in den französischen Alpen. ■

In Wirklichkeit geht es an manchen Passagen noch deutlich enger her als es das Bild oben vermuten läßt. Doch dann ändert sich die Landschaft wieder und das Fahren gerät zum vergnüglichen Kinderspiel (Bilder rechts).

Nobel ist die Welt
Abstecher an die Côte d'Azur

Unsere südlichsten Touren liegen nur gute 30 Kilometer Luftlinie von der französischen Mittelmeerküste entfernt. Da lockt natürlich der Strand und die mondäne Kulisse der Nobel-Badeorte von Monte Carlo bis St. Tropez. Doch für Offroad-Ausflüge ist die Küstenregion weitgehend ungeeignet. Die hohe Besiedelungsdichte, die vielen Besucher und letztendlich die Angst vor der Waldbrandgefahr sprechen dagegen.

Man muß sich entscheiden: entweder man will mit dem Offroader Schotterpisten unter die Räder nehmen oder an der Côte d'Azur einen Badeurlaub in mondäner Umgebung genießen. Beides auf einmal geht leider kaum.

Wir haben es ausprobiert und uns in Agay, zwischen Fréjus und Cannes gelegen, einen Campingplatz gesucht. Genau hier liegt nämlich auch das Esterel-Gebirge, das auf der Karte einen verlockenden Eindruck macht. Doch vor Ort sieht die Sache anders aus. Die Küstenregion selbst ist – im Gegensatz zu den Regionen, in denen die beschriebenen Touren liegen – extrem dicht besiedelt. Und die unzähligen Touristen, die jedes Jahr die Region besuchen, tragen ihren Teil zur wahren Schilderflut entlang der Küste bei. Mit dem Ergebnis, daß man den einen Parkplatz nur benutzen darf, wenn man in jenem Geschäft einkauft und daß man eine andere Straße nur befahren kann, wenn man im dazugehörigen Hotel nächtigt.

An die Küstenregion schließt sich dahinter ein Gürtel an, in dem in den letzten Jahren auf jedem freien Meter Golfanlagen oder Feriensiedlungen entstanden sind – hier steht es auch

Begegnungen im Esterel-Gebirge, nur wenige Kilometer von der Küste entfernt.

Natürlich findet man zwischen dutzend gesperrten Einfahrten auch einmal einen offenen Weg, nur sind Probleme vorprogrammiert, wenn man ein fehlendes Verbotsschild als Auf-

DIE CÔTE D'AZUR LOHNT EINEN BESUCH

forderung zum Geländefahren interpretiert. Die Angst der Bewohner vor Waldbränden ist real, und so sollte man ihr Sicherheitsbedürfnis auch respektieren und ernst nehmen.

nicht besser ums Offroad-Abenteuer als direkt an der Küste. Natürlich gibt es neben den ungezählten abgeschotteten Privat-Anwesen auch öffentliches Gelände, wie beispielsweise eben das Esterel-Gebirge. Und da sind dann auch viele Schotterpisten zu finden – nur sind die fast ausnahmslos gesperrt. Über der ganzen Region schwebt wie ein Damoklesschwert die Angst vor Waldbränden. So trifft man auch regelmäßig auf wachsame Feuerwehrleute, deren Augenmerk aufkeimenden Feuersbrünsten gilt.

In St. Tropez (unten und links) trifft man nur selten auf Geländewagen.

Ein Verlassen der Teerstraßen ist in Küstennähe kaum einmal möglich.

Dennoch lohnt die Côte d'Azur einen Besuch, speziell dann, wenn man einige Tage in der Provinz verbracht hat. Der Kontrast zwischen dem Hinterland der Provence sowie den französischen Alpen auf der einen Seite und dem Urlaubsspektakel zwischen Marseille und San Remo auf der anderen Seite könnte kaum größer sein. Wir jedenfalls haben es genossen, wenngleich in den Sommermonaten der Begriff überfüllt den Touristenansturm nur unvollkommen beschreibt. ∎

Essen und Trinken
Leben wie Gott in Frankreich

Eine so herbe Gegend wie die Zentralalpen kann nicht mit all den Genüssen aufwarten, für die Frankreich so berühmt ist. Dennoch muß niemand darben. Neben freundlichen Leuten kann man eine Reihe typischer Spezialitäten entdecken.

Weniger bekannt als das Montblanc-Massiv oder die Ufer des Lac d'Annecy ist die grüne Voralpenlandschaft mit ihren Wäldern, Weiden und Schluchten. Savoyen ist relativ dünn besiedelt, außer in den Wintersportzentren und an wenigen Seeufern drängen sich nirgendwo die Touristenmassen. Jahrhundertelang erwirtschafteten die Bauern Savoyens auf den kargen Böden gerade das Lebensnotwendigste, bescheidenen Wohlstand brachte die Almwirtschaft. Die traditionelle Küche ist einfach und kräftig. Weit verbreitet war ein aus Piemont stammendes Gericht, Polenta, ein Brei aus Maismehl, im Ofen überbacken oder mit Sauce zu Fleisch gegessen. Heute findet man auf den Speisekarten vielerorts Geräuchertes vom Schwein und Fisch aus Gebirgsbächen und Seen. Mangold ist sehr beliebt (côtes de bettes) sowie eine Artischockenart (cardons). Typisch für die Gegend ist das gratin savoyard oder gratin dauphinois, feingeschnittene rohe Kartoffeln, die in Bouillon und geriebenem Käse oder in Milch und Sahne im Ofen gebacken werden. Köstliche Käse sind Beaufort, Tomme und Reblochon sowie Vacherin d'Abondance, eine Art Käsecreme. Nicht verpassen sollte man die Obstkuchen: tartes aux myrtille (Heidelbeerkuchen), tartes aux framboises (Himbeerkuchen) und tartes aux fraises sauvages (Waldbeerkuchen).

Die meisten savoyischen Weine sind Weißweine wie Crépy, Apremont und Ripaille. Die Weine des Rhônetales galten (mit Ausnahme des Châteauneuf du Pape) lange als minderwertig, was sich mittlerweile geändert hat. Rotwein überwiegt, während in der Provence vor allem Rosé angebaut wird. Der Rotwein der Dauphiné läßt sich, anders als Rosé gut mit nach Hause nehmen (erst gegen Ende der Tour einkaufen), er sollte aber zu Hause nicht zu lange gelagert werden, das vertragen nur die Châteauneuf du Pape- und Côte Rôtie-Weine.

In der Küche der Haute-Provence wird wie in Italien viel mit Olivenöl und Kräutern gearbeitet. Bekannt ist der Gemüseeintopf Ratatouille, bestehend aus Auberginen, Paprika, Zucchini, Zwiebeln und reichlich Knoblauch. In der Haute-Provence werden gerne Hammel und Lamm serviert, eine besondere Delikatesse ist épaule d'agneau farcie, Lammschulter gefüllt

Ein typisches französisches Bistro findet sich in jeder größeren Ortschaft.

mit Thunfisch, Oliven, hartgekochten Eiern und Kräutern. Eine schmackhafte Brotzeit läßt sich mit deftigen Würsten, frischen Gemüsen und zarten bis herzhaften Käsen überall relativ preiswert zusammenstellen und gemütlich im Grünen servieren. Es muß ja nicht gerade auf der Motorhaube sein. Bon appetit!

Brot und Spiele ...: Das alte Römer-Motto hat in Frankreich noch heute Bedeutung.

Sehenswertes am Wegesrand:
Kanuten, Künstler, Klosterbrüder

*Hat man die Berge Richtung Süden durchquert, bieten sich mehrere Möglichkeiten der Weiterfahrt.
Wendet man sich jetzt beispielsweise nach Südwesten, liegen glanzvoll strahlende Perlen
am Wegesrand: sakrale Bauwerke, tiefe Schluchten und künstlerisches Handwerk locken zum Besuch.*

Nicht nur in der Niederen Provence, auch in den Städten der Dauphiné und der Haute-Provence findet man Reste römischer Bauwerke. In Lyon sind ein römisches Theater und ein Odeon erhalten, in Die mit der Porte St. Marcel ein Stadttor. 391 erklärte Kaiser Theodosius das Christentum zur offiziellen Staatsreligion, das Baptisterium in Riez und die Krypta von St. Laurenz in Grenoble geben Zeugnis von dessen Einfluß auf die Kunst. Erst im 12. Jh. übernahm der Südosten Frankreichs von der Normandie die plastische Wandgestaltung. Die Baumeister der Romanik bearbeiteten sehr sorgfältig die Quader, unbehauener Bruchstein kam aus der Mode. Man übernahm auch viele Elemente aus Oberitalien, wovon die zahlreichen Glockentürme zeugen, die eng verwandt sind mit den lombardischen Campanile. Wichtige Impulse gingen auch aus von den drei in der Dauphiné neu gegründeten Orden der Kartäuser, der Chalaisianer und der Antoniter.

Die großflächigen Wände romanischer Kirchen forderten Freskenmaler heraus, leider haben nur Fresken der Kirche in St. Chef die Jahrhunderte überdauert. Auch an vielen Fußbodenmosaiken nagte der Zahn der Zeit, vollständig erhalten ist jedoch das mit 70 m² größte Fußbodenmosaik der französischen Romanik in der Klosterkirche von Ganagobie. Es zeigt unter anderem den drachentötenden Georg. Ganagobie ist zweifellos einen Besuch wert. Südlich von Sisteron, 6 km von Peyruis zweigt die D 30 ab und endet nach zahlreichen Serpentinen vor dem Kloster. Die Anlage aus dem 12. Jh. wurde im 16. Jh. von den Hugenotten niedergebrannt und anschließend wieder aufgebaut, doch seit der Säkularisation war sie aufgegeben und dem Verfall preisgegeben. Ende des 19. Jh. bauten die Benediktiner das Kloster wieder auf. Sie bewohnen das Kloster bis heute. Das Portal der Kirche schmückt ein Figurenrelief, das Weltgericht. Im Türsturz erscheinen die zwölf Apostel. In den drei Apsien und im Querschiff der Kirche hat man bereits im 19. Jh. unter einer Schuttschicht Mosaiken entdeckt, die 1975, als man mit der Wiederherstellung des Chores begann, restauriert wurden. In der linken Apsis

Der drachentötende Georg ist im Mosaik noch erhalten

hält ein Ritter mit der Lanze auf ein geflügeltes Tier zu, vor dem Hauptchor ist ein kunstvolles Ornamentmuster zu sehen. Im südlichen Querschiff kämpft der heilige Georg mit dem Drachen, dahinter erkennt man einen vom Pfeil verwundeten Hirsch, einen Greif und eine Stute mit säugendem Fohlen.

70 m² mißt das größte Fußbodenmosaik der französischen Romanik.

Abgründe im Grand Canon de Verdon.

Wer sich mehr für Naturwunder als für sakrale Bauwerke interessiert, sollte unbedingt einen Abstecher zum Grand Canon de Verdon machen. Bis zu 800 Meter tief ist diese Schlucht, die der Verdon in Millionen von Jahren in den Kalkstein gegraben hat. Hauptattraktion ist der rund 25 Kilometer lange Teil, der westlich von Castellane beginnt. Obwohl vor einigen Jahren eine Panorama-Straße, die Route des Crêtes, angelegt wurde, die südlich der D 952 einen 23 Kilometer langen Bogen beschreibt und zu zahlreichen Aussichtspunkten führt, ist das Auto nicht das beste Verkehrsmittel, um auf Erkundungstour zu gehen. Besser ist eine Wanderung im Talgrund, doch sollte man sich dazu beim Fremdenverkehrsamt in La Palud sur Verdon erkundigen. Das Dorf eignet sich auch gut als Stützpunkt, ist jedoch besonders in der Hochsaison sehr überlaufen. Bei entsprechender Erfahrung lassen sich auch tolle Kanutouren unternehmen.

Am Ende dieser größten Schlucht Europas liegt der Lac de St. Croix, der sich für Wassersportler und Badegäste empfiehlt. Ein paar Kilometer weiter liegt Moustier St. Marie, ein hübsch gelegener Ort, der durch Fayencetöpferei berühmt wurde. Der Name der weißglasierten und bemalten Tonwa-

DIE GRÖSSTE SCHLUCHT EUROPAS IST 800 METER TIEF

ren, die seit dem 16. Jh. hier hergestellt werden, stammt von der italienischen Stadt Faenza. Heute werden Kacheln, Schüsseln und Gebrauchsgegenstände aller Art nach alten Mustern neu hergestellt und den Durchreisenden feilgeboten. Der Ort wird in der Hochsaison zwar von zahlreichen Touristen angesteuert, aber einen kleinen Bummel lohnt er allemal. ■

Töpfereien in Moustier St. Marie.

In dieser Reihe sind außerdem erschienen:

Bestellcoupon auf Seite 188

tourenbuch@aol.com

Orientierung unterwegs:
Mit Karte, Kompaß und Fernglas geht's immer weiter

**Genaues Kartenmaterial ist unerläßlich, wenn man die gut ausgeschilderten Hauptverkehrsstraßen verläßt.
Wer zusätzlich einige Vorsichtsmaßnahmen ergreift, kann auch auf unangenehme Überraschungen wie Wetterstürze flexibel reagieren.**

Nützlich ist eine Übersichtskarte für die Anfahrt, deren großer Kartenausschnitt nicht ständig umgefaltet werden muß, was auch die Lebensdauer des guten Stückes arg verkürzt; selbst praktische Auto-Atlanten mit ihren groben Maßstäben reichen für die großflächige Orientierung noch meist aus. Sind für die Anreise viele Autobahnstücke eingeplant, lohnt es sich, in Stichpunkten aufzuschreiben, an welchen Ausfahrten oder Autobahnkreuzen Aufmerksamkeit vonnöten ist.

Als kartographisch gelungen und für die Feinorientierung vor Ort geeignet, darf man das Michelin-Kartenwerk im Maßstab 1: 200 000 bezeichnen, dessen Schummerung auch eine plastische Vorstellung der Landschaft erlaubt. Ebenfalls empfehlenswert sind die touristischen Karten vom IGN (Institut Géographique National) im Maßstab von 1 : 250 000, deren Blattschnitt eine ganze Region abdeckt. Ein größerer Maßstab, etwa 1 : 100 000 oder sogar Wanderkarten 1 : 25 000

Keine Panik, wenn Ortsnamen auf jedem Wegweiser anders geschrieben werden – das ist hier normal.

(ebenfalls IGN) sind notwendig, wenn Details wichtig sind oder aber Bergtouren zu Fuß auf dem Programm stehen. Sie liefern nicht nur ein sehr genaues Kartenbild, sondern sind dann besonders nützlich, wenn Alternativrouten geplant werden müssen, weil ein Wettersturz droht (was im Hochgebirge keineswegs selten ist) oder Schneeverwehungen, Erdrutsche o. ä. die Weiterfahrt verhindern – unbedingt nötig ist ein so umfangreiches Kartenmaterial nicht, Sie haben ja schließlich diese Roadbooks. Besonders bei schlechter Sicht, etwa im Nebel,

hilft ein einfacher Handkompaß, an einer Kreuzung den richtigen Weg zu bestimmen.

Bei blauem Himmel leistet ein Fernglas gute Dienste, da es beispielsweise gestattet, auf der Paßhöhe die umliegenden Gipfel zu bestimmen oder den weiteren Verlauf der Strecke zu beobachten. Natürlich liefert es auch einfach tolle Aussichten auf die oft spektakuläre Kulisse des Hochgebirges. Empfehlenswert sind Gläser mit acht- oder maximal zehnfacher Vergrößerung, mehr ist aus freier Hand kaum ruhig zu halten.

EINHEIMISCHE WISSEN IMMER DEN RICHTIGEN WEG

Im Zweifelsfall kann man einen Einheimischen um Rat fragen, denn er kennt seine Heimat am besten. Sollte man mangels guter Französischkenntnisse nicht jedes Wort verstehen, so kann man sich doch auf der Karte interessante Routen zumindest mit dem Finger zeigen lassen.

Wenn man nicht mehr weiter weiß und sich verfahren hat, dann ist ortskundige Hilfe in der Regel schnell zur Stelle.

Wie man sich bettet, so liegt man:
«Une Chambre avec deux lits, s'il vous plaît!»

**Ein Zimmer mit zwei Betten, bitte!
Wer sein Schlafgemach nicht auf dem Dach
spazierenfährt und wer fürchtet, sich beim Aufbau eines
Zeltes seine beiden linken Daumen zu quetschen,
der muß sich Gedanken machen über ein
geeignetes Nachtquartier.
«Est-ce que vous avez une chambre libre?»
(Haben Sie ein Zimmer frei?)**

Zweifellos: Am schönsten ist es, am Morgen den Reißverschluß des Zeltes aufzuzippen und im warmen Schlafsack liegend zuzuschauen, wie sich im Tal die Nebel auflösen und die Sonne zwischen den Gipfeln hinabfingert: Wenn man sich sattge-

Berghütten locken zur rustikalen Jause, wie hier am Col des Annes.

In Touristenzentren, wie am Lac de Serre Poncon, findet man alles was man sucht.

sehen hat, wirft man den Kocher an und braut sich erst einmal einen starken Café. Zugegeben, das Baguette vom Vortag ist nicht mehr der Gipfel der Genüsse, aber bald fahren wir runter ins Tal und kaufen in der ersten Boulangerie ein knuspriges Modell oder lassen uns einen Café au lait servieren. Die Übernachtungen im Tausend-Sterne-Hotel, ganz alleine in der Einsamkeit der Berge, gehört zu den kostbarsten Erinnerungen einer Tour. Und sollte die Säuberung am Wildbach nicht ganz so gründlich ausfallen, kann man ja immer mal wieder eine Nacht auf dem Campingplatz verbringen oder sich in einer netten Pension ein preiswertes Zimmer suchen. Luxusherbergen findet man kaum in der Gegend, dafür aber zahlreiche kleinere Hotels, Auberges und Châlets, in denen man sich einquartieren kann. Ein bedauerndes «complet» (besetzt) wird man höchstens in der Hauptsaison hören.

Wer fein Essen gehen möchte, dem bietet sich eine Vielzahl von Möglichkeiten.

Man sollte beim Blick auf die Karte eher bedenken, daß die Wintersportorte mit ihren klangvollen Namen im Sommer im Dornröschenschlaf liegen. Sie werden wohl kaum der Prinz sein, der eine Bedienung wachküssen kann, und sie dazu bringt, Ihnen ein Essen zu servieren. Aber keine Sorge, Sie werden satt werden und ein Dach über'm Kopf finden.

In der 36 000-Einwohner-Stadt Gap beispielsweise finden Sie 1-Sterne-Hotels (z. B. Le Pavillon), in denen Sie mit Frühstück pro Person und Tag im Doppelzimmer 45 DM löhnen, oder 3-Sterne-Hotels (La Ferme Blanche) für 65 DM. «Bonne nuit!» ∎

Roadbooks

Alle Touren liegen in der Region zwischen der Schweizer Grenze im Norden und der französischen Mittelmeerküste im Süden. Das Tourengebiet wird von der Rhône im Westen und der italienischen Grenze im Osten begrenzt.

Tour 1: Le Grand Bornand .... Seite 110
Tour 2: Lac de St. Guérin .... Seite 115
Tour 3: Col du Mt. Cenis .... Seite 121
Tour 4: Lac de Serre Poncon .... Seite 125
Tour 5: Col de la Coche .... Seite 133
Tour 6: Col de Valbelle .... Seite 137
Tour 7: Zum Col du Parpaillon .... Seite 140
Tour 8: Le Grand Parpaillon .... Seite 146
Tour 9: Moriez–Lambruisse .... Seite 152
Tour 10: Col de Séoune .... Seite 157
Tour 11: Col de Tende .... Seite 161
Tour 12: Val de Castérino .... Seite 165
Tour 13: Fort Central–La Brigue .... Seite 172

Legende

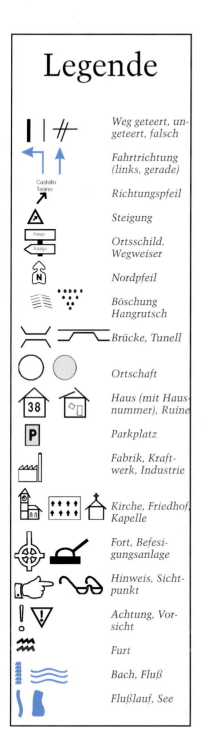

Auf den folgenden Seiten finden Sie detaillierte Roadbooks, die zeigen, wie wir gefahren sind. Eine Übersicht, wo in den französischen Alpen sich welche Tour finden läßt, verschafft die links abgebildete Kartenskizze.

Zur Orientierungshilfe vor Ort finden Sie auf den folgenden Seiten detaillierte Roadbooks, die den Verlauf der Touren, die wir gefahren sind exakt aufzeigen. Die markanten Wegpunkte sind jeweils in einer Zeichnung dargestellt. Die einzelnen Bilder sind in der Reihenfolge fortlaufend numeriert, dabei fährt man in jedes Bild von unten ein, sodaß die Darstellung dem Sichtwinkel in der Realität entspricht. Die Kilometerangaben geben einen ungefähren Anhaltspunkt, wann die gezeigte Stelle erreicht wird. Zu bedenken ist aber, daß die Tageskilometerzähler verschiedener Geländewagen differieren. Diese Differenzen können für Abweichungen vom Roadbook sorgen.

Darüber hinaus ist zu berücksichtigen, daß wir nicht alle Wegpunkte etc. in die Zeichnungen aufgenommen haben, sondern nur die für die Orientierung wichtigen. Dort, wo die Situation unmißverständlich ist, haben wir zur Erhöhung der Übersichtlichkeit auf zu viele (unnütze) Angaben verzichtet; die Anfahrt zu den Startpunkten ist in den jeweiligen Tourenbeschreibungen erklärt.

Alle Roadbooks haben wir mit größter Sorgfalt zusammengestellt. Trotzdem können wir keine Gewährleistung für die jederzeitige Befahrbarkeit der Strecken geben.

Tour 1

Le Grand Bornand

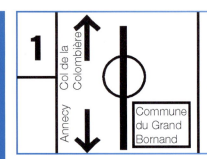

Die Ortschaft Grand Bornand liegt am Fuße des Col de Colombière (D 4) in Richtung Annecy.

In Grand Bornand hoch zum Col de Colombière (D 4).

Tacho am Dorfplatz nullen.

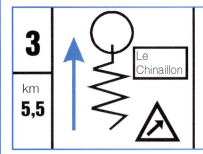

Die D 4 bergauf Richtung Col de la Colombière bis Le Chinaillon.

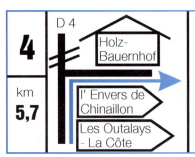

In Le Chinaillon rechts ab von der D 4.

Tour 1

Le Grand Bornand

5 — km **5,9**
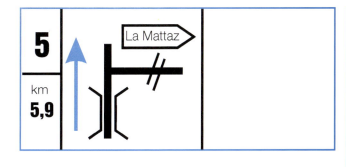

6 — km **6,3**

7 — km **8,4**
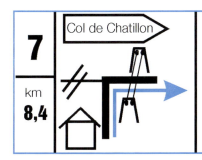

Bis km 8,4 dem geteerten Hauptweg folgen, dann unter dem Skilift durch.

8 — km **8,7**
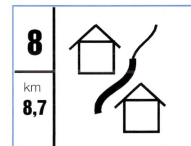

Ende der Teerstraße.

Tour 1 — Le Grand Bornand

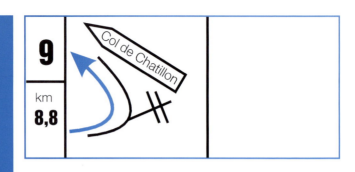

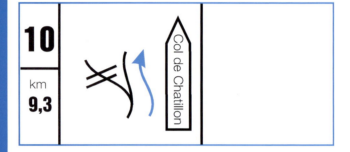

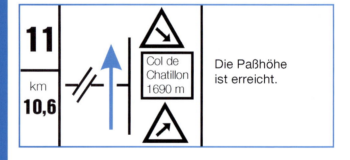

Die Paßhöhe ist erreicht.

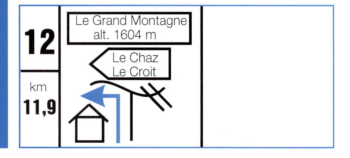

Tour 1

13 km **13,4**
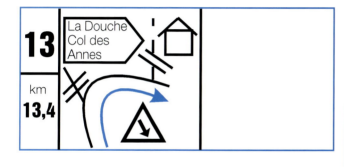

14 km **14,1**
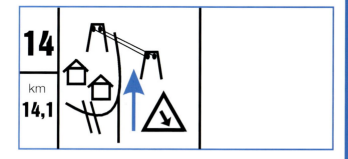

15 km **14,7**
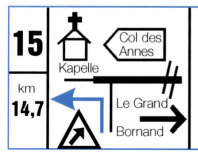

Abstecher zum Col des Annes teils geteert.
Rechts geht es zurück ins Tal.

16 km **16,6**

Einkehrmöglichkeit in den Berghütten von Les Annes. Es geht auf dem selben Weg wieder zurück ins Tal.

Le Grand Bornand

Tour 1

Le Grand Bornand

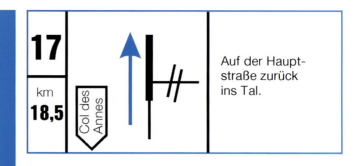

Auf der Hauptstraße zurück ins Tal.

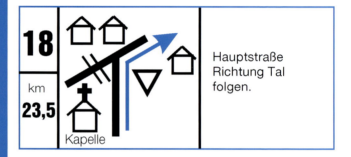

Hauptstraße Richtung Tal folgen.

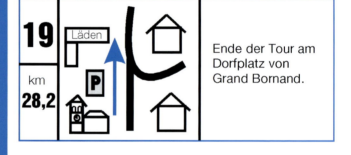

Ende der Tour am Dorfplatz von Grand Bornand.

Tour 2

Lac de St. Guérin

1
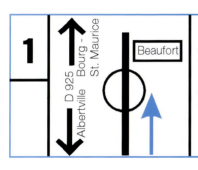
Auf der D 925 von Albertville nach Bourg - St. Maurice erreicht man die Ortschaft Beaufort.

2
km
0,0
Tacho nullen
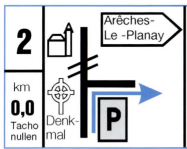
In Beaufort ab auf die D 218, an Kreuzung Tacho nullen. Auf ihr bis zur Staumauer des Lac de St. Guérin (10,9 km Wegweiser Barrage d. St. Guérin folgen).

3
km
10,9
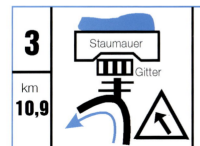
Hauptstraße bergauf folgen.

4
km
11,9
0,0
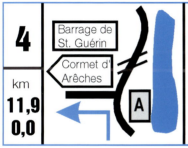
Am Aussichtspunkt Tacho nullen!!! Bergauf weiter.

115

Tour 2 — Lac de St. Guérin

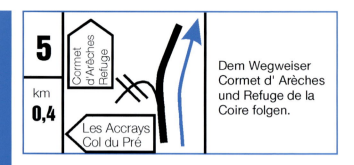

Dem Wegweiser Cormet d' Arèches und Refuge de la Coire folgen.

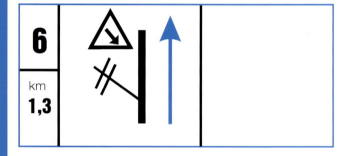

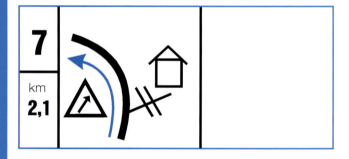

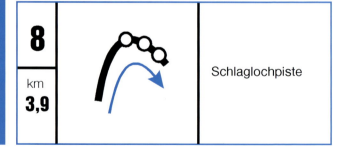

Schlaglochpiste

9 km **4,2**	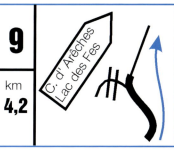	Ende der Teerstraße.
10 km **4,6**	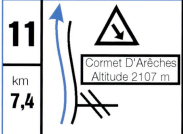	Verpflegungs- und Übernachtungs-möglichkeit.
11 km **7,4**	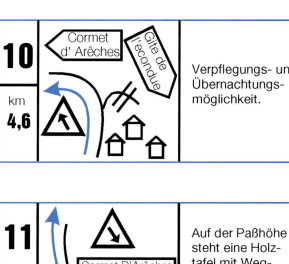	Auf der Paßhöhe steht eine Holz-tafel mit Weg-weisern. Von nun an geht es wieder bergab.
12 km **8,0**	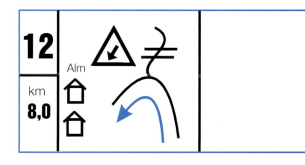	

Tour 2

Lac de St. Guérin

Tour 2 — **Lac de St. Guérin**

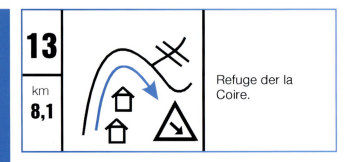

Refuge der la Coire.

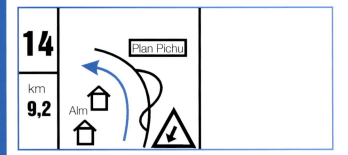

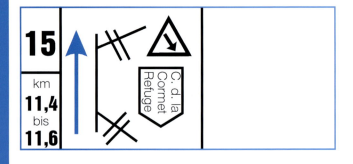

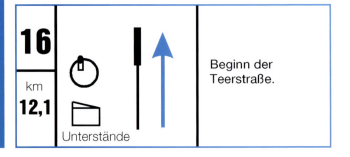

Beginn der Teerstraße.

| 17 km 12,6 | 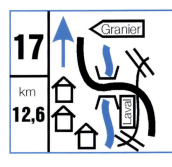 | Bergab der Teerstraße in's Tal folgen, Wegweisung Granier. |

| 18 km 17,7 | 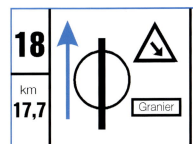 | Ortschaft Granier. Hauptweg bergab in's Tal folgen. |

| 19 km 18,2 |  | Wegweisung Richtung Aime folgen. |

| 20 km 18,8 | 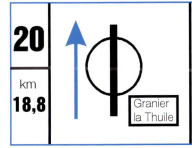 | Hauptweg bergab in's Tal folgen |

Tour 2

Lac de St. Guérin

Tour 2

Lac de St. Guérin

21		
km 22,4	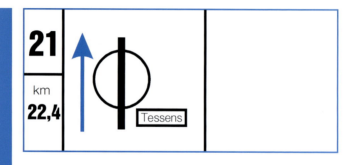 Tessens	

22		
km 26,6	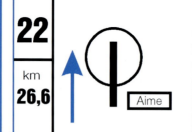 Aime	Ende der Tour in der Ortschaft Aime, die direkt an der Hauptstraße N 90 Moutiers - Bourg-St. Maurice liegt.

1 km **0,0** Tacho nullen	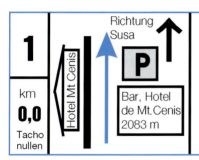	Auf der Paßhöhe des Col de Mt. Cenis, vor der gleichnamigen Bar (Hotel) Tacho nullen.
2 km **0,6**	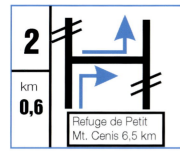	Hinter dem Wegweiser zum Refuge von der Hauptstraße abbiegen auf die parallel laufende Nebenstraße.
3 km **1,3**	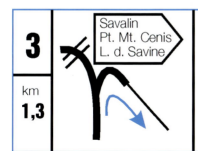	Ende der Teerstraße. Von nun an den See immer in Fahrtrichtung links liegen lassen.
4 km **3,7**	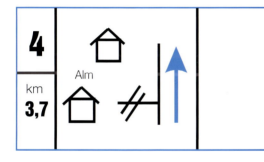	

Tour 3

Col du Mt. Cenis

Tour 3 — **Col du Mt. Cenis**

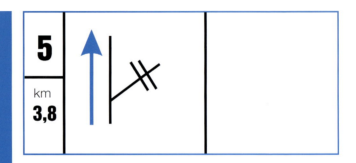

5 km **3,8**

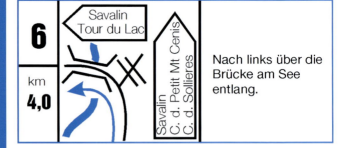

6 km **4,0**

Nach links über die Brücke am See entlang.

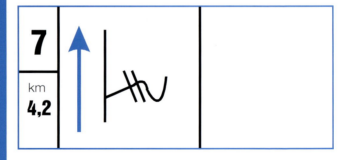

7 km **4,2**

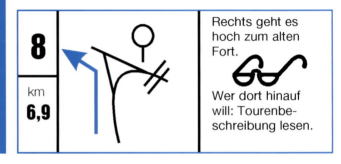

8 km **6,9**

Rechts geht es hoch zum alten Fort.

Wer dort hinauf will: Tourenbeschreibung lesen.

9 km **7,6**	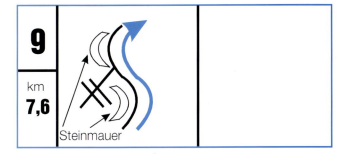	

10 km **8,2**	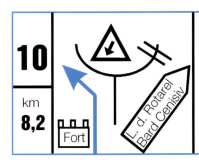	bergab

11 km **8,6**	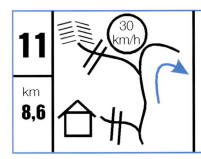	Weiterfahrt auch nach links über den Damm möglich. (Hinweis auf Schild: Auf eigene Gefahr).

12 km **10,2**	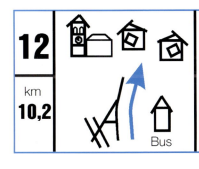	Zur verfallenen Ortschaft.

Col du Mt. Cenis

Tour 3

Tour 3 — Col du Mt. Cenis

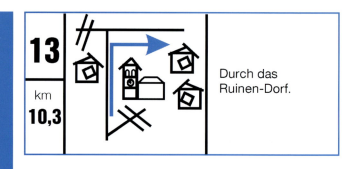

13 km **10,3** — Durch das Ruinen-Dorf.

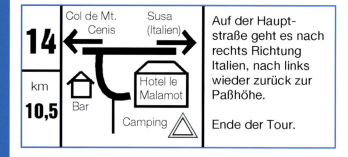

14 km **10,5** — Auf der Hauptstraße geht es nach rechts Richtung Italien, nach links wieder zurück zur Paßhöhe.

Ende der Tour.

Tour 4 — Lac de Serre Poncon

1 km **0,0** Tacho nullen
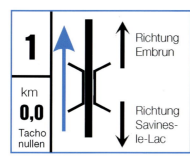
Richtung Embrun
Richtung Savines-le-Lac

Auf der Brücke 1 Kilometer vor dem Ortseingang von Embrun Tacho nullen und Richtung Embrun fahren (N. 94).

2 km **0,1**
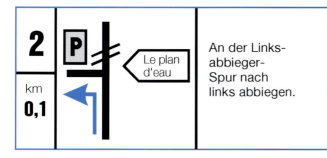
Le plan d'eau

An der Linksabbieger-Spur nach links abbiegen.

3 km **0,15**
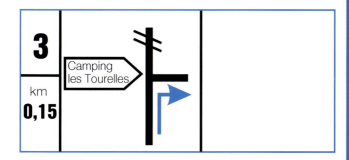
Camping les Tourelles

4 km **0,6**
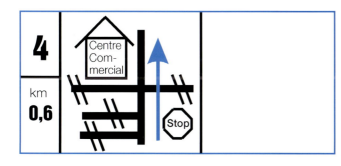
Centre Commercial
Stop

Tour 4 — Lac de Serre Ponçon

5 — km **0,7**

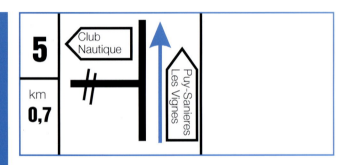

6 — km **1,0**

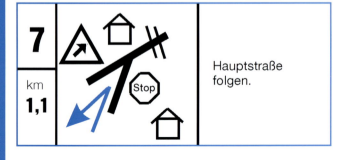

Bahnüberführung.

7 — km **1,1**

Hauptstraße folgen.

8 — km **3,2**

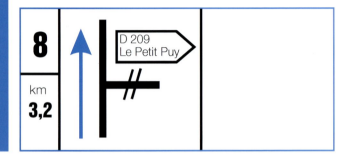

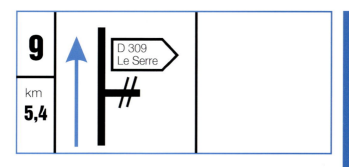

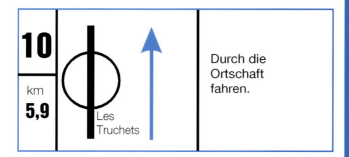

Durch die Ortschaft fahren.

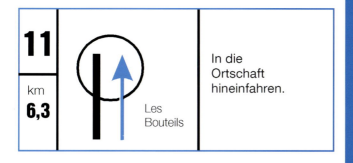

In die Ortschaft hineinfahren.

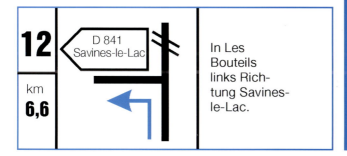

In Les Bouteils links Richtung Savines-le-Lac.

Tour 4

Lac de Serre Poncon

Tour 4 — Lac de Serre Ponçon

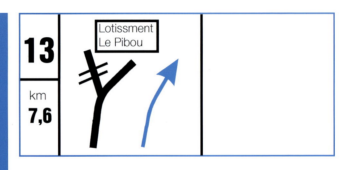

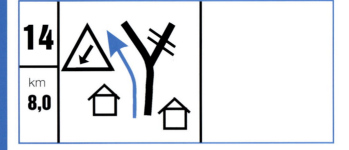

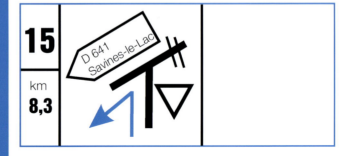

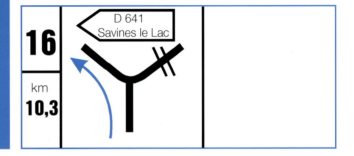

17	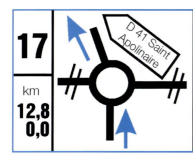	Tacho im Kreisverkehr nullen!
km 12,8 0,0		

18	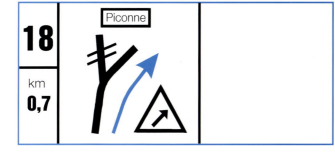	
km 0,7		

19	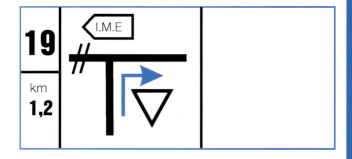	
km 1,2		

20		
km 2,1		

Tour 4

Lac de Serre Poncon

Tour 4
Lac de Serre Poncon

21 km **4,9**
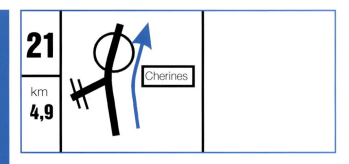

22 km **6,7**

23 km **9,6** — In St. Apollinaire.

24 km **12,5**
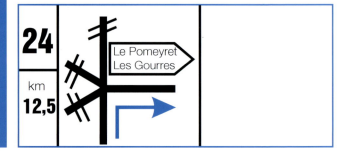

| 25 km 13,4 | 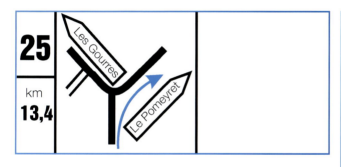 | |

Tour 4

| 26 km 14,9 | 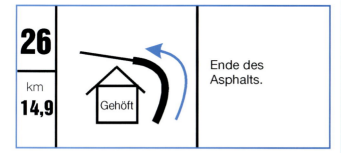 | Ende des Asphalts. |

| 27 km 16,1 | 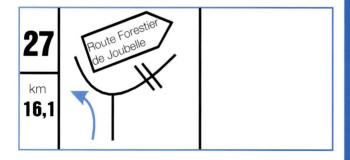 | |

| 28 km 16,2 | 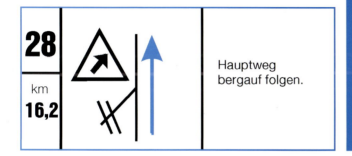 | Hauptweg bergauf folgen. |

Lac de Serre Ponçon

Tour 4 — Lac de Serre Poncon

29 — km 18,6

30 — km 19,7 — Gatter
Hauptweg bergab folgen.

31 — km 21,8 — Alm — Wanderwegweiser

32 — km 22,5 — Sackgasse — Alm
Asphalt beginnt. Der geteerten Hauptstraße immer bergab folgen bis zur Ortschaft Chorges.

Ende der Tour!

1 km **0,0** Tacho nullen	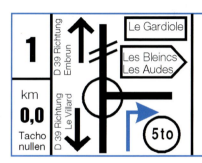	Im Ort Le Gardiole (ca. 1,1 km nord-westlich von Le Villard) von der D 39 abbiegen. Wegweiser Les Bleincs, Les Audes folgen (klein und unscheinbar!)
2 km **0,9**	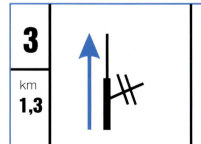	In Siedlung Hauptweg bergauf folgen.
3 km **1,3**		Ende der Teerstraße.
4 km **2,2**	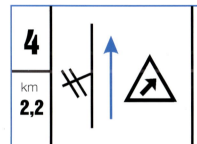	bergauf!

Tour 5

Col de la Coche

Tour 5 — Col de la Coche

5 km 2,6		Furt

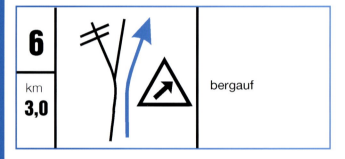

6 km 3,0		bergauf

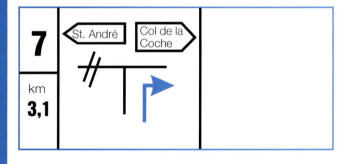

7 km 3,1	St. André / Col de la Coche	

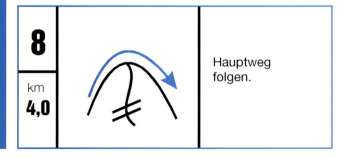

8 km 4,0		Hauptweg folgen.

| 9 km 7,3 | 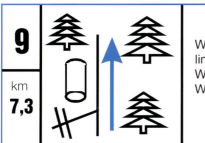 | Wassertank links des Weges im Wald. |

| 10 km 8,6 | 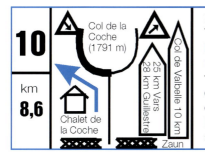 | Hier treffen wir auf Tour 6 (Col de Valbelle). Wer nach rechts bergauf fährt, findet dort die Fortsetzung der Tour beschrieben. Tourenbeschreibung lesen !!! |

| 11 km 19,0 | 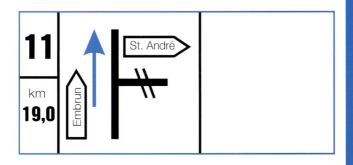 | |

| 12 km 20,0 | 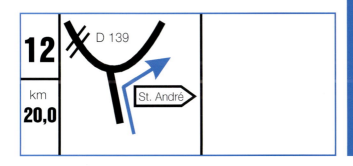 | |

Tour 5

Col de la Coche

Tour 5

Col de la Coche

13 km **20,7**	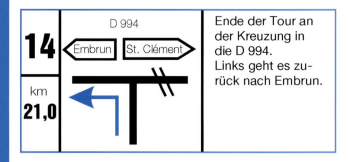 Denkmal	Im Zentrum von St. André die Straße direkt hinter der Kirche rein.
14 km **21,0**	D 994 ←Embrun St. Clément→	Ende der Tour an der Kreuzung in die D 994. Links geht es zurück nach Embrun.

1 km **0,0** Tacho nullen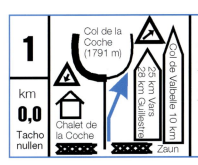
Col de la Coche (1791 m) · Chalet de la Coche · 25 km Vars · 28 km Guillestre · Col de Valbelle 10 km · Zaun

Die Tour über den Col de Valbelle beginnt am Gipfel der Tour 5 über den Col de la Coche. Tacho auf Paßhöhe nullen, dann weiter bergauf.

2 km **5,0**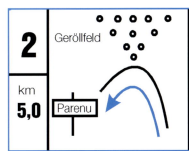
Geröllfeld · Parenu

Immer der weißen Markierung an Bäumen, Steinen etc. folgen (Wanderweg!?)

3 km **6,8**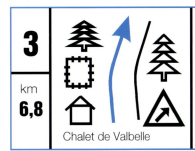
Chalet de Valbelle

4 km **7,5**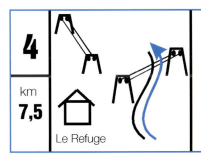
Le Refuge

Skigebiet auf Hochplateau.

Tour 6 — Col de Valbelle

Tour 6 — Col de Valbelle

| 5 km 8,7 | 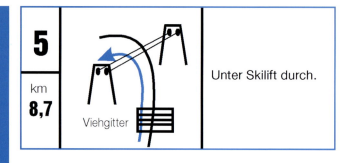 Viehgitter | Unter Skilift durch. |

| 6 km 9,4 |  | Unter Skilift durch und an den Viehställen vorbei. |

| 7 km 10,2 | 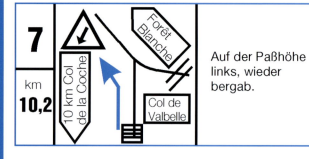 | Auf der Paßhöhe links, wieder bergab. |

| 8 km 11,5 | 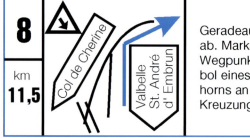 | Geradeaus, bergab. Markanter Wegpunkt: Symbol eines Posthorns an der Kreuzung. |

9 km **13,9**

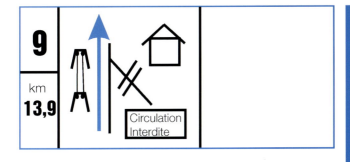

10 km **15,5**

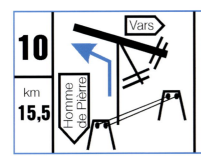

Unter mehreren Skiliften durch bis zur Teerstaße.

11 km **16,1**

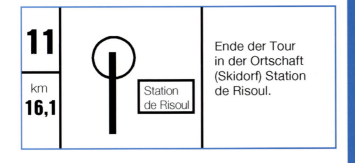

Ende der Tour in der Ortschaft (Skidorf) Station de Risoul.

Tour 6

Col de Valbelle

Zum Col du Parpaillon

Tour 7

1 — km **0,0**
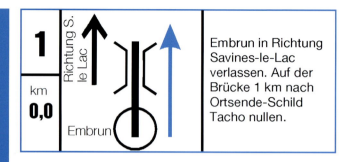
Embrun in Richtung Savines-le-Lac verlassen. Auf der Brücke 1 km nach Ortsende-Schild Tacho nullen.

2 — km **0,3**
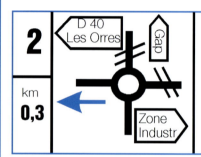
Am Kreisverkehr beim Industriegebiet links in Richtung Les Orres (D 40) abbiegen.

3 — km **1,6**
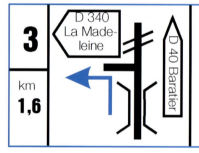
Nach der Brücke Wegweiser nach links Richtung La Madeleine folgen.

4 — km **4,2**
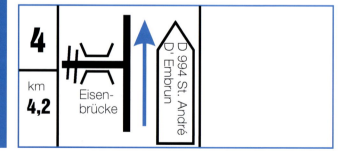

| 5 km 5,1 | 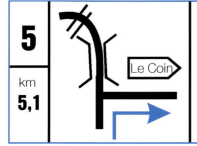 | Vor Brücke dem Holzwegweiser nach Le Coin folgen. Strecke gesperrt für Fahrzeuge über 3,5 to. |

| 6 km 7,6 | 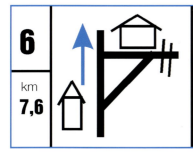 | Hauptstraße in der Siedlung folgen. |

Tour 7

| 7 km 9,5 | 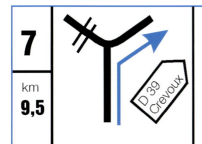 | Der Hauptstraße nach rechts in Richtung des 7km entfernten Crevoux folgen. |

| 8 km 13,8 | 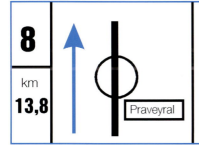 | In der Ortschaft Praveyral bis zum Ortsende fahren. |

Zum Col du Parpaillon

Tour 7 — Zum Col du Parpaillon

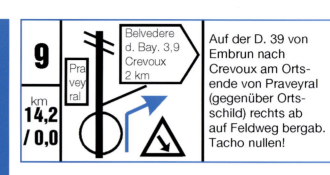

9 km **14,2 / 0,0**

Auf der D. 39 von Embrun nach Crevoux am Ortsende von Praveyral (gegenüber Ortsschild) rechts ab auf Feldweg bergab. Tacho nullen!

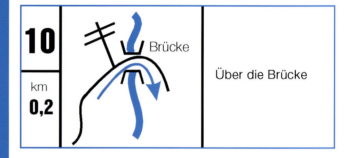

10 km **0,2**

Über die Brücke

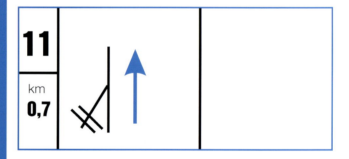

11 km **0,7**

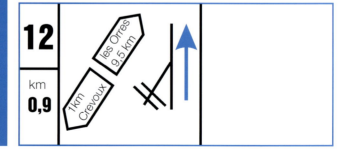

12 km **0,9**

13 km **1,1** 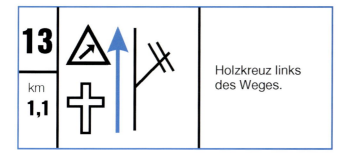	Holzkreuz links des Weges.
14 km **1,5** 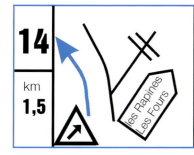	Dem Weg bergauf folgen.
15 km **3,0** 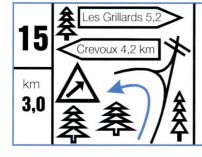	
16 km **3,7** 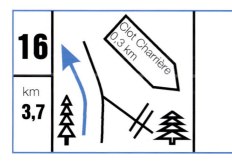	

Zum Col du Parpaillon

Tour 7

Tour 7: Zum Col du Parpaillon

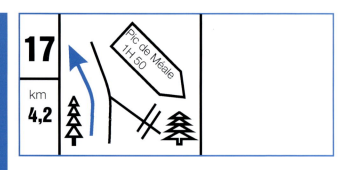

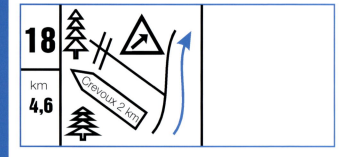

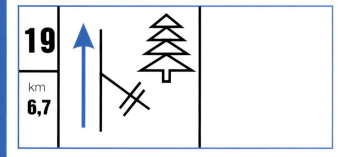

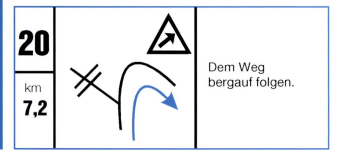

Dem Weg bergauf folgen.

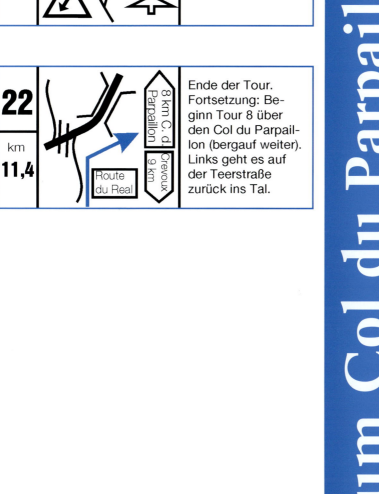

Zum Col du Parpaillon

Tour 7

Tour 8 — Le Grand Parpaillon

1 — km **0,0** — Tacho nullen

Ende der Teerstraße an der Brücke. Bergauf der Wegweisung zum Col de Parpaillon folgen.

Tacho nullen!

2 — km **2,6**
An der Hütte vorbei.

3 — km **4,8**
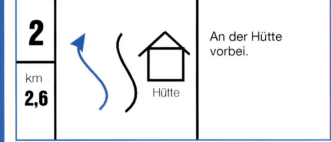
Falls ein Weidezaun über den Weg gespannt ist, diesen nach der Durchfahrt wieder schließen!

4 — km **6,4**
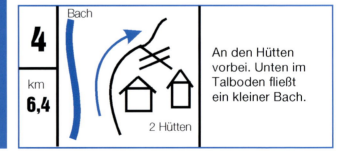
An den Hütten vorbei. Unten im Talboden fließt ein kleiner Bach.

Tour 8

5 km **6,7**	Bach — Kreuz

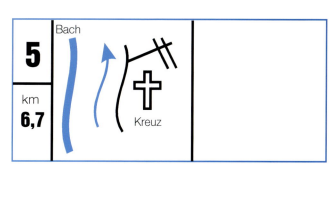

6 km **7,0**	Furt

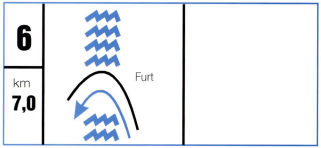

7 km **9,4**	Tunnel du Parpaillon Alt 2643 — Der Tunnel auf der Paßhöhe ist erreicht. Langsam durchfahren (sehr dunkel, eisig, unbefestigt).

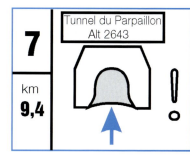

8 km **9,6**	Ruine — Ende des Tunnels. Von hier an immer bergab.

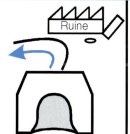

Tour 8 — Le Grand Parpaillon

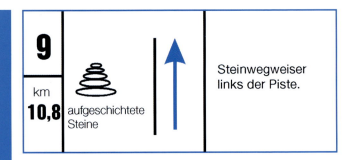

9 km **10,8** — aufgeschichtete Steine — Steinwegweiser links der Piste.

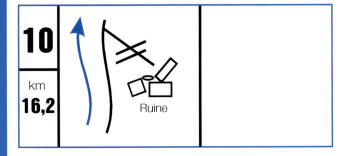

10 km **16,2** — Ruine

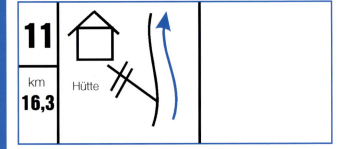

11 km **16,3** — Hütte

12 km **16,5** — Über die Brücke, dann links am Haus vorbei, das auf Pfählen steht!

13 km **18,1**	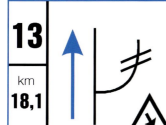	Bergab weiter.
14 km **19,5**	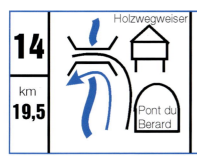	Holzwegweiser mit Übersichtskarte und Hinweistafel mit Inschrift. Über die Brücke fahren.
15 km **21,1**	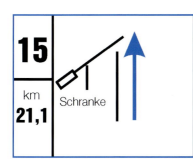	Die Schranke passieren.
16 km **21,3**	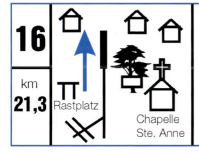	Rastplatz mit Brunnen und einer Hinweistafel am Baum über die Region. Beginn der Teerstraße.

Le Grand Parpaillon

Tour 8

Tour 8 — Le Grand Parpaillon

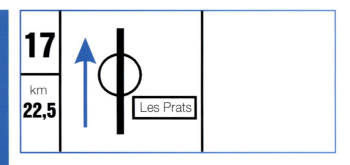

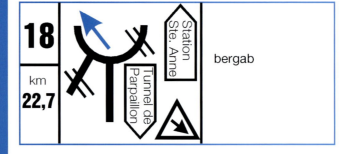

bergab

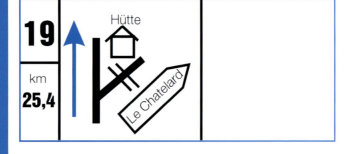

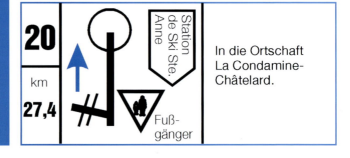

In die Ortschaft La Condamine-Châtelard.

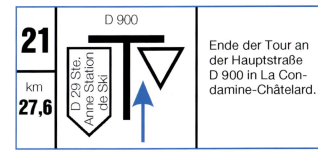

21 km **27,6** — D 29 Ste. Anne Station de Ski / D 900

Ende der Tour an der Hauptstraße D 900 in La Condamine-Châtelard.

Le Grand Parpaillon

Tour 8

Tour 9: Moriez – Lambruisse

1 — km **0,0** — Tacho nullen
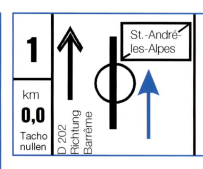
St-André-les-Alpes auf der D 202 in Richtung Barrême verlassen. Tacho am Ortsende-Schild nullen!

2 — km **2,7**
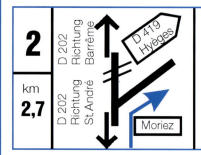
In Moriez rechts ab auf die D 419 Richtung Hyèges. Gerdeaus durch den Ort immer Richtung Hyèges.

3 — km **3,3**
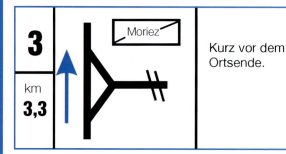
Kurz vor dem Ortsende.

4 — km **5,4**
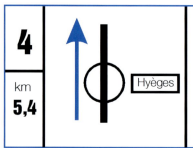
Auf der Hauptstraße durch Hyèges.

5 km **6,7**	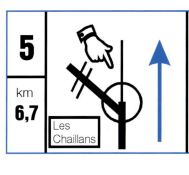	Die Teerstraße endet in Les Chaillans. Am Ortseingang den Schotterweg geradeaus.
6 km **7,1**	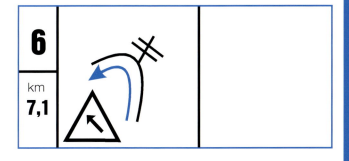	
7 km **8,2**	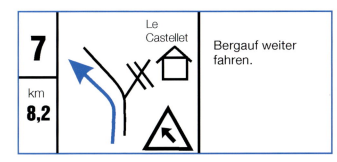	Bergauf weiter fahren.
8 km **8,9**	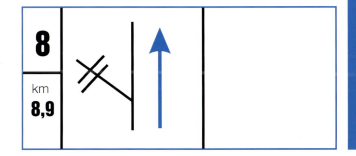	

Moriez – Lambruisse

Tour 9

Tour 9 — Moriez – Lambruisse

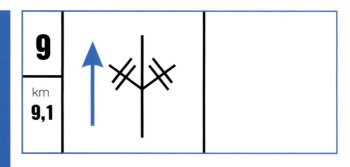

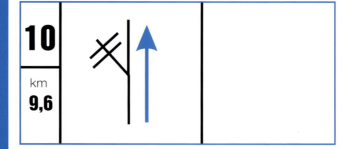

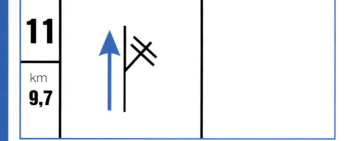

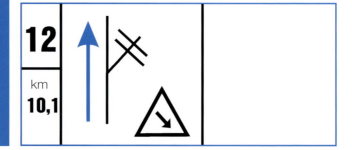

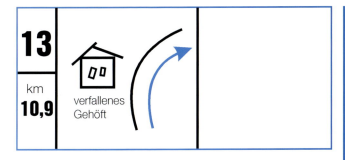

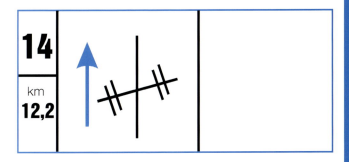

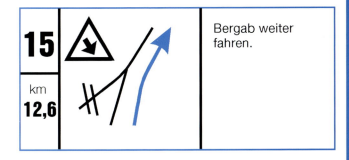

Bergab weiter fahren.

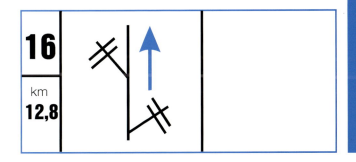

Moriez – Lambruisse

Tour 9

Tour 9 — Moriez – Lambruisse

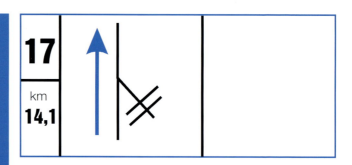

17 km 14,1

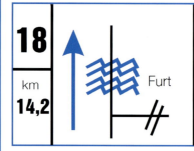

18 km 14,2 — Furt

Falls die Furt unpassierbar ist, rechts abbiegen und in die Ortschaft fahren.

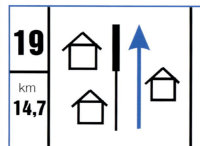

19 km 14,7

Beginn der Teerstraße in der Ortschaft. Hauptweg talwärts folgen.

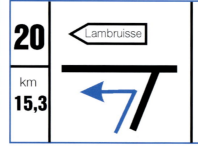

20 km 15,3 — Lambruisse

Ende der Tour. Wer nach links abbiegt kommt direkt zur Tour 10 über den Col de Séoune.

1 km **0,0**	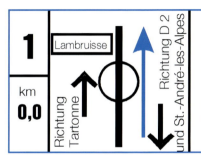	Am nördlichen Ortsausgang von Lambruisse Tacho nullen (Ortsschild in Gegenrichtung).
2 km **0,45**	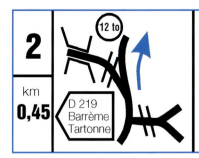	Vor der Brücke rechts ab von der Hauptstraße.
3 km **1,1**	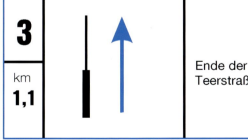	Ende der Teerstraße.
4 km **1,2**	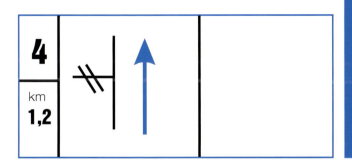	

Col de Séoune

Tour 10

Tour 10 — Col de Séoune

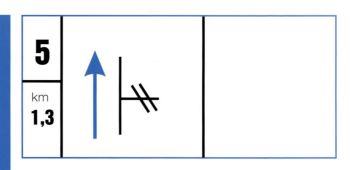

5 km **1,3**

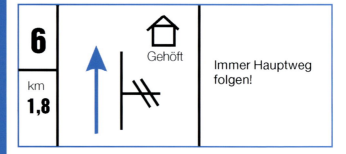

6 km **1,8** — Gehöft — Immer Hauptweg folgen!

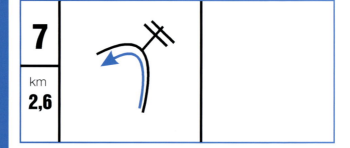

7 km **2,6**

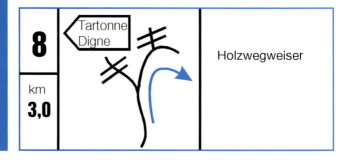

8 km **3,0** — Tartonne / Digne — Holzwegweiser

9 km **3,7**
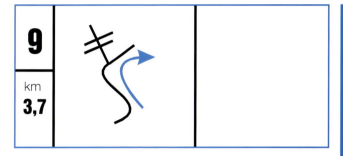

10 km **4,1**
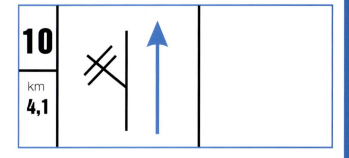

11 km **4,8**
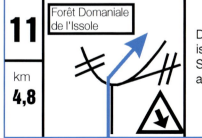
Die Paßhöhe ist erreicht. Straße bergab folgen.

12 km **6,1**

bergab!

Col de Séoune

Tour 10

Tour 10 — Col de Séoune

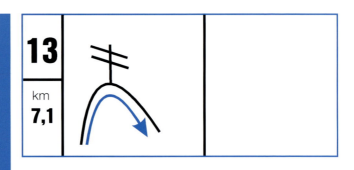

km 7,1

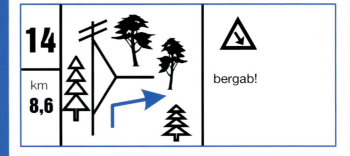

km 8,6

bergab!

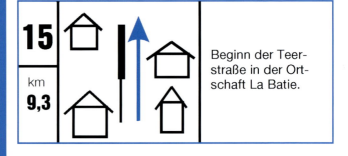

km 9,3

Beginn der Teerstraße in der Ortschaft La Batie.

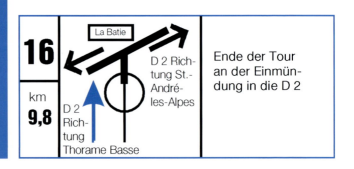

km 9,8

Ende der Tour an der Einmündung in die D 2

1
km
0,0
Tacho nullen

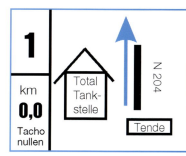

An der Total-Tankstelle in der Ortschaft Tende den Tacho nullen! Weiter auf der N 204 Richtung Col de Tende.

2
km
5,5

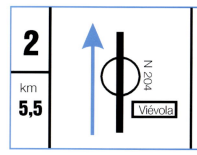

Weiter auf der N 204 Richtung Col de Tende.

3
km
10,5

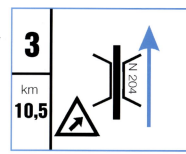

Weiter auf der N 204 Richtung Col de Tende.

4
km
11,2 / 0,0

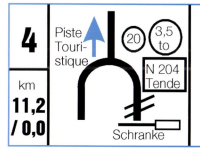

In der Kurve, kurz vor dem Tunnel auf die Seitenstraße ab (Piste Touristique).

Tacho nullen!!

Col de Tende

Tour 11

Tour 11 — Col de Tende

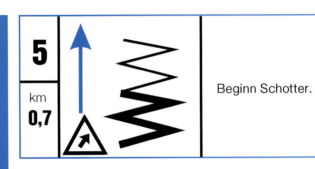

| 5 km 0,7 | Beginn Schotter. |

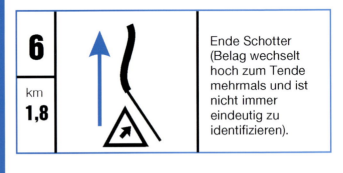

| 6 km 1,8 | Ende Schotter (Belag wechselt hoch zum Tende mehrmals und ist nicht immer eindeutig zu identifizieren). |

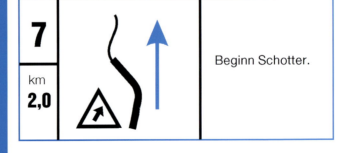

| 7 km 2,0 | Beginn Schotter. |

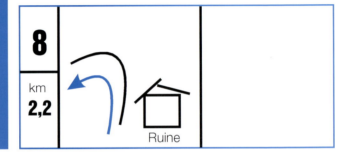

| 8 km 2,2 | Ruine |

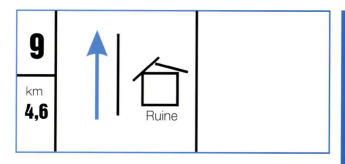

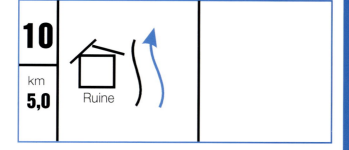

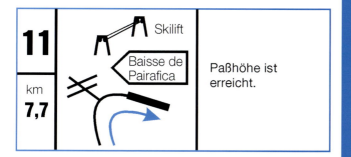

Paßhöhe ist erreicht.

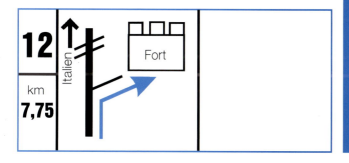

Col de Tende

Tour 11

Tour 11 — Col de Tende

13 — km 8,2 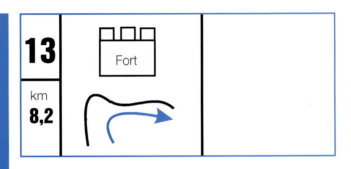 Fort

14 — km 8,3 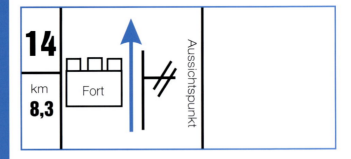 Fort, Aussichtspunkt

15 — km 8,5 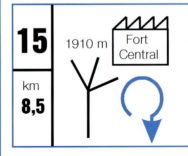 1910 m, Fort Central

Umdrehen und zurück zu Bild 11, dort beginnt Tour 13 oder weiter nach Italien (Bild 12).

16 — km 8,7 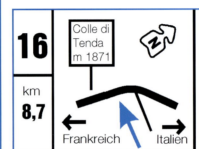 Colle di Tenda m 1871, Frankreich, Italien

Ende der Tour. Weiter mit Tour 13 oder über die Teerstraße nach Italien (gut beschildert).

1 km **0,0** Tacho nullen
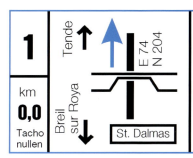
Am Eisenbahn-Tunnel in St. Dalmas de Tende Tacho nullen. Weiterfahrt in Richtung Tende.

2 km **0,1**
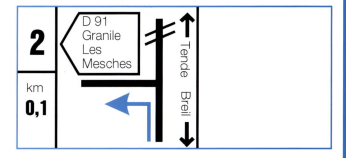

3 km **0,4**
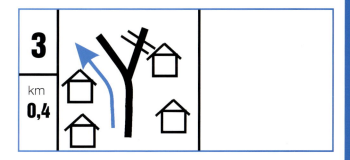

4 km **0,8**
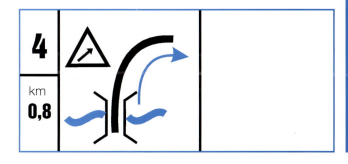

Val de Castérino

Tour 12

Tour 12 — Val de Castérino

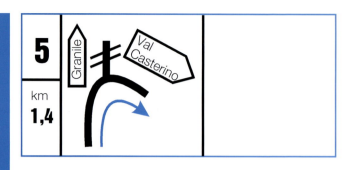

5 — km 1,4

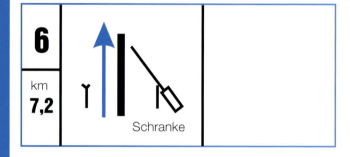

6 — km 7,2 — Schranke

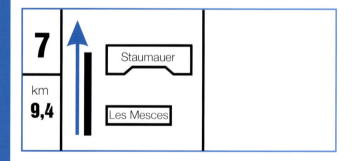

7 — km 9,4 — Staumauer / Les Mesces

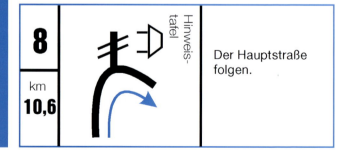

8 — km 10,6 — Hinweistafel. Der Hauptstraße folgen.

9 km **11,9**		Am See entlang.
10 km **12,4**	 Schranke	
11 km **12,8**		Schotterweg über Bach.
12 km **14,0**	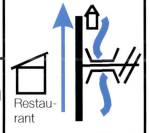 Restaurant	Im Ort Casterino: Am Restaurant Le Sabione befindet sich eine 4x4 Übersichtstafel. Offroad-Touren können hier gebucht werden.

Val de Castérino

Tour 12

Tour 12 — Val de Castérino

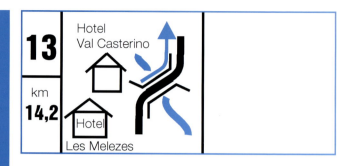

13 — km 14,2 — Hotel Val Casterino / Hotel Les Melezes

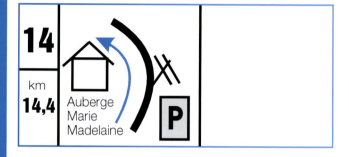

14 — km 14,4 — Auberge Marie Madelaine

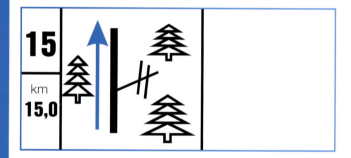

15 — km 15,0

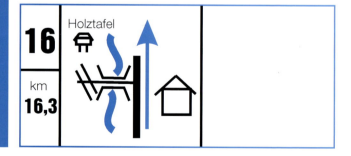

16 — km 16,3 — Holztafel

17 km 16,5		Nicht in den Nationalpark hineinfahren, sondern dem Wegweiser zum Col de Tende folgen.
18 km 17,2		Ende der Teerstraße.
19 km 19,1		Durch den Tunnel.
20 km 21,6	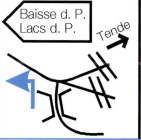	Den Wegweisern Baisse de Peyrefique und Lacs de Peyrefique folgen.

Val de Castérino

Tour 12

Val de Castérino

Tour 12

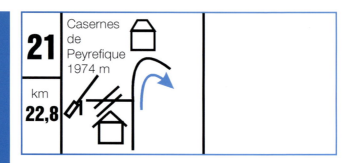

21 km **22,8** — Casernes de Peyrefique 1974 m

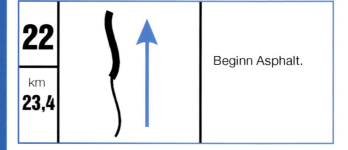

22 km **23,4** — Beginn Asphalt.

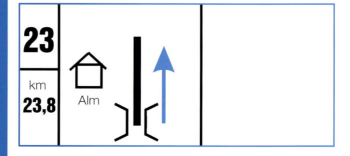

23 km **23,8** — Alm

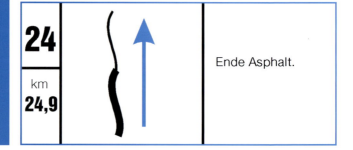

24 km **24,9** — Ende Asphalt.

25 km **28,7**

Vom Fort de Marguerie (1842 m) hat man einen phantastischen Blick auf die Serpentinen der Tour zum Col de Tende (Tour 11).

26 km **29,7**

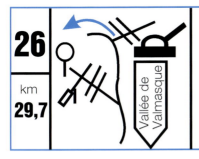

27 km **30,3**

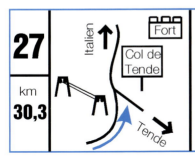

Ende der Tour. Weiter mit Tour 13 Fort Central - La Brigue oder Abfahrt nach Tende (Tour 11 rückwärts) oder auf der Teerstraße nach Italien.

Val de Castérino

Tour 12

Tour 13: Fort Central – La Brigue

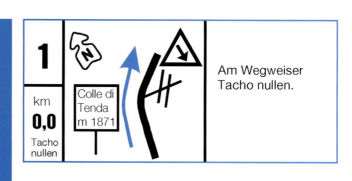

Am Wegweiser Tacho nullen.

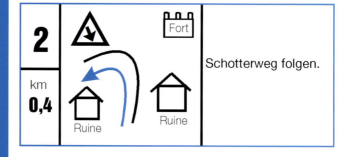

Schotterweg folgen.

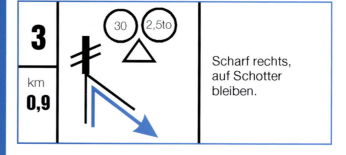

Scharf rechts, auf Schotter bleiben.

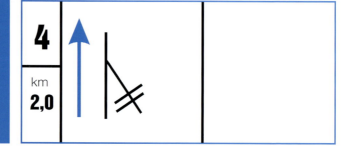

5 km **2,5**	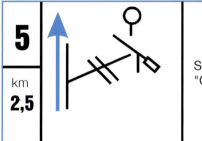	Schranke mit "Gesperrt"-Schild.
6 km **4,4**	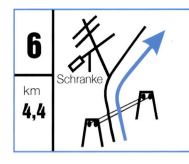	Unter dem Skilift durch.
7 km **4,9**	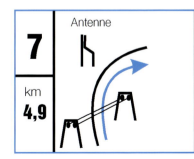	Unter Skilift durch.  Skipiste nicht befahren!!!
8 km **5,2**		Skilift kreuzt.

Fort Central – La Brigue

Tour 13

Tour 13: Fort Central – La Brigue

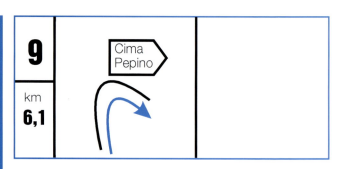

9 — km **6,1** — Cima Pepino

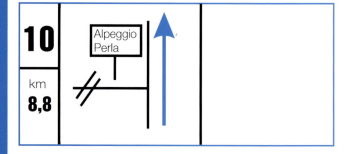

10 — km **8,8** — Alpeggio Perla

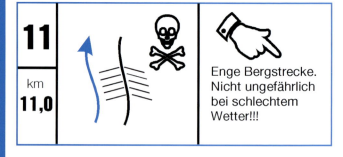

11 — km **11,0** — Enge Bergstrecke. Nicht ungefährlich bei schlechtem Wetter!!!

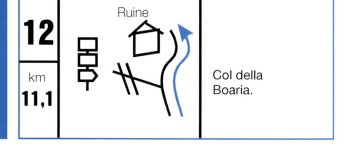

12 — km **11,1** — Ruine. Col della Boaria.

		Bemerkungen
13 km **16,6**	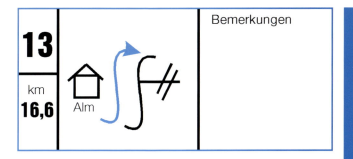 Alm	
14 km **18,8**	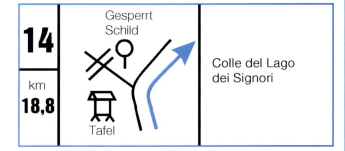 Gesperrt Schild / Tafel	Colle del Lago dei Signori
15 km **21,8**	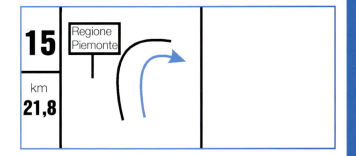 Regione Piemonte	
16 km **25,9**	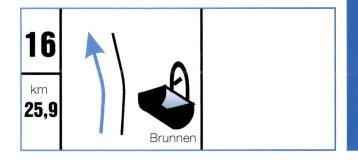 Brunnen	

Fort Central – La Brigue

Tour 13

Tour 13 — Fort Central – La Brigue

17 km 27,9 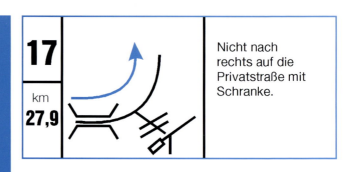 Nicht nach rechts auf die Privatstraße mit Schranke.

18 km 28,9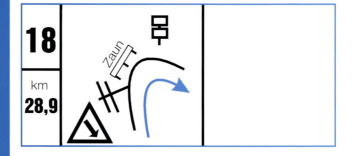

19 km 29,2 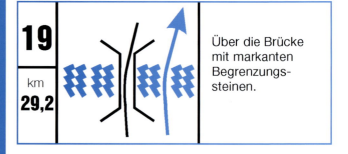 Über die Brücke mit markanten Begrenzungssteinen.

20 km 33,4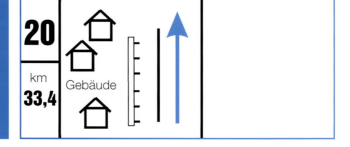

| 21 km 37,3 | 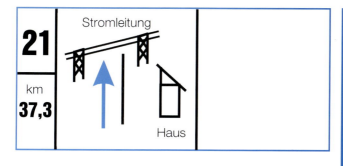 Stromleitung / Haus | |

| 22 km 37,6 | 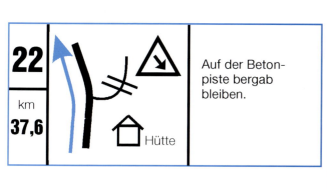 Hütte | Auf der Beton-piste bergab bleiben. |

| 23 km 39,5 | 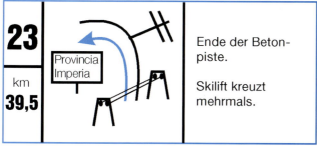 Provincia Imperia | Ende der Beton-piste.

Skilift kreuzt mehrmals. |

| 24 km 42,8 | 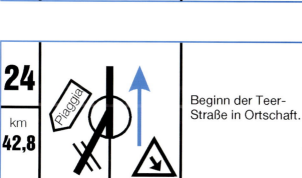 Piaggia | Beginn der Teer-Straße in Ortschaft. |

Fort Central – La Brigue

Tour 13

Tour 13: Fort Central – La Brigue

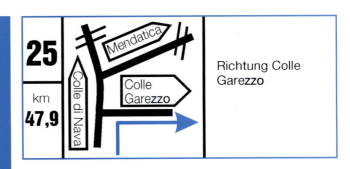

25 km **47,9** — Richtung Colle Garezzo

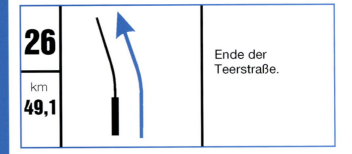

26 km **49,1** — Ende der Teerstraße.

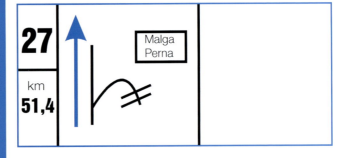

27 km **51,4** — Malga Perna

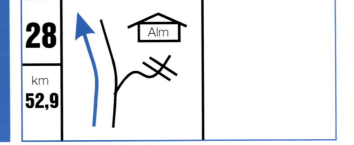

28 km **52,9** — Alm

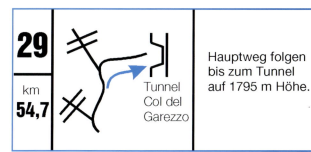

29 km **54,7** — Tunnel Col del Garezzo — Hauptweg folgen bis zum Tunnel auf 1795 m Höhe.

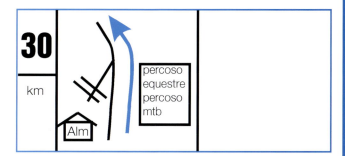

30 km

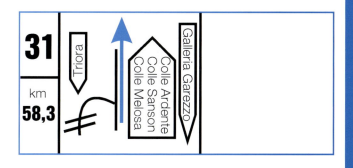

31 km **58,3**

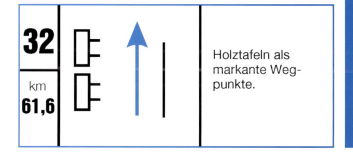

32 km **61,6** — Holztafeln als markante Wegpunkte.

Fort Central – La Brigue

Tour **13**

Tour 13 — Fort Central – La Brigue

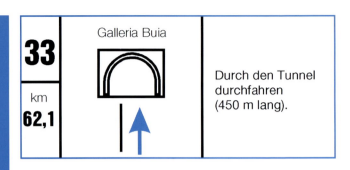

33 km 62,1 — Galleria Buia. Durch den Tunnel durchfahren (450 m lang).

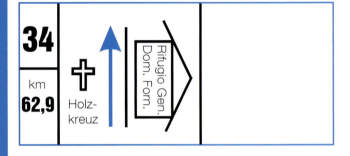

34 km 62,9 — Holzkreuz, Rifugio Gen. Dom. Forn.

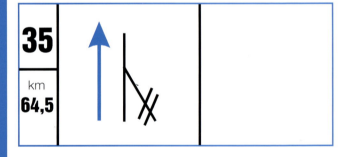

35 km 64,5

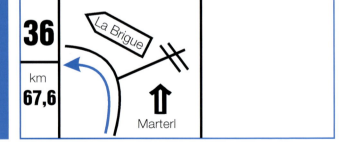

36 km 67,6 — La Brigue, Marterl

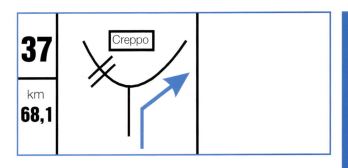

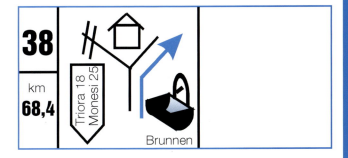

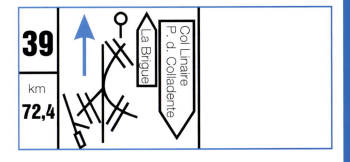

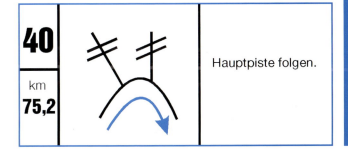

Hauptpiste folgen.

Fort Central – La Brigue

Tour 13

Tour 13: Fort Central – La Brigue

| 41 km 80,2 | 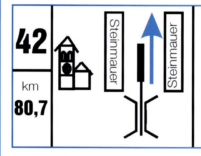 | Hauptweg folgen. |

| 42 km 80,7 | 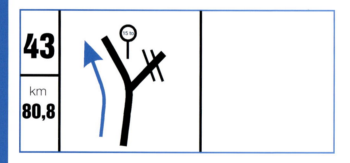 | Beginn der Teerstraße.

Kirche: Sanctuaire de Notre-Dame des Fontaines. |

| 43 km 80,8 | (Abzweigung, 15 to) | |

| 44 km 82,4 | 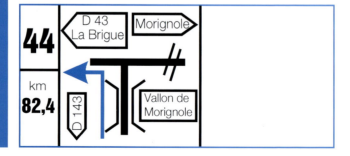 | |

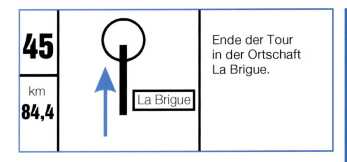

45 km **84,4**

Ende der Tour in der Ortschaft La Brigue.

Fort Central – La Brigue

Tour 13

Französisches Wörterbuch

Kleine Sprachkunde

Aussprache

Französisch wird meist ganz anders gesprochen als geschrieben. Sämtliche Ausspracheregeln können wir hier nicht aufführen, eine erste Hilfe dürfte die jeweils kursiv gedruckte Lautschrift sein.

Konsonanten

c	ß (vor e, i, y wie in „Glas") Bsp. merci *märßi* k (wie unser „k") café *kafe*
ç	ß (wie „c") français *fraßä*
ch	sch (wie in „Schrank") chercher *schersche*
g	sh (vor e, i, y, wie in „Garage") manger *mäshe* g (wie unser „g") garçon *garßō*
gn	nj (wie in „Sonja") signe *sinj*
h	(wird nicht gesprochen) homme *om*
ill(e)	j (wie in „Jahr") travailler *trawaje*
ille	ij (langes „i", dann „j"-Laut) famille *famij*
j	sh (wie „g") je *she*
q	k (wie unser „k") qui *ki*
s	s (stimmhaft wie in „Rose", zwischen Vokalen) réserver *reserwe* ß (stimmlos, wie in „Glas", am Wortanfang) soleil *ßolej*
v	w (wie in „Wagen") vous *wu*
w	w (wie in „Wagen") wagon *wagō*
z	s (wie in „Rose") zoo *so*
x	ß (wie in „Haß") dix *diß*

Vokale

a	à, ā, a (wie in „Rasen") malade *malad*
e	ö (wie in „Hose", unbetont) regarde *rögard* Am Ende eines Wortes oft stumm ä (wie Rest in der Mitte des Wortes) belle *bäl*
é	e (wie in „Tee") été

è, ê	ä (wie in „Pferd") même *mäm*, mère *mär*
er, et, ez eh	e (am Ende eines Wortes wie é) porter *porte*
i	i (kurz, wie in „in") il *il*
o, ô	o (kurz wie in „Post"), bonne *bon* oh (lang wie in „Boot") rose *rohs*, trop *troh*
u	ü (wie in „über") sur *sür*
y	i (wie in „i") Yvonne *Iwon*

Doppellaute

ai, ay, ey, eh	e (wie in „Telefon") J'ai *she*
ai, ei	ä (wenn ein Konsonant folgt) mais *mä*, peine *pän*
ail	ei (am Wortende wie „Reise") travail *travei*
eau, au	oh (wie in „Bohne") chaud *schoh*, beau *boh*
eu, eû, oe	ö (wie in „böse") jeune *shön*, oeil *öj*
oi, oy, oa	(wie in „Oase", aber kürzer) trois *troa*, moi *moa*
ou	u (wie in „Mut") doute *dut*
ui	üi (sehr kurzer „ü") nuit *nüi*

Meist wird die letzte Silbe eines Wortes betont (z. B. Bonjour = guten Tag, die Betonung liegt auf jour).

Nasal-Laute

ê	(wie in „Mannequin") pain *pẽ*, matin *matẽ*
ô	(wie in „Beton" oder „Fasson") maison *mäsō*
â	(wie in „Abonnement") lampe *lãmp*

Französisches Wörterbuch

Wir üben:
Bonjour *bōshur* = Guten Tag
Bonsoir *bōßoar* = Guten Abend
Bonne nuit *bon nüi* = Gute Nacht
Salut *ßalü* = Hallo
Au revoir *oh revoar* = Auf Wiedersehen
S'il vous plaît (abgekürzt svp) *ßilwuplä* = Bitte
Merci *märßi* = Danke
Ça va? *ßawa* = Wie geht's?
Il y a *ilja* heißt „es gibt" (wörtlich: es hat davon) und kann für Fragen und Antworten verwendet werden. Beim Fragen die Stimme anheben!
Il y a un médecin? *ilja ẽ medßē?* = Gibt es einen Arzt?
Oui il ya. *Ui ilja* = Ja
Où est la route vers Sisteron? *U ä la rut wär Sisterō?* = Wo ist die Straße nach Sisteron?
Je veux du café. *She vö dü kafe.* = Ich möchte (von dem) Kaffee.
Nous sommes Allemands. *Nu ßoms-almä.* = Wir sind Deutsche.

Zahlen

0 zero *seroh*
1 un, une *ẽ, ün*
2 deux *dö*
3 trois *troa*
4 quatre *katr*
5 cinq *ßẽk*
6 six *ßiß*
7 sept *ßet*
8 huit *üit*
9 neuf *nöf*
10 dix *diß*
11 onze *ōs*
12 douze *dus*
12 treize *träs*
14 quatorze *kators*
15 quinze *kẽs*
16 seize *säs*
17 dix-sept *dißät*
18 dix-huit *dißhüit*
19 dix-neuf *dißnöf*
20 vingt *wẽ*
21 vingt et un *wẽteẽ*
22 vingt-deux *wẽdö*
23 vingt-trois *wẽtroa*

30 trente *trāt*
40 quarante *karāt*
50 cinquante *ßekāt*
60 soixante *ßoaßāt*
70 soixante-dix
71 soixante-et-onze
72 soixante-douze
80 quatre-vingts
81 quatre-vingt-un
90 quatre-vingt-dix
97 quatre-vingt-dix-sept
100 cent *ßā*
101 cent un
111 cent onze
180 cent quatre-vingts
200 deux cents
300 trois cents
1000 mille *mil*
1100 mille cent
1200 mille deux cents
10.000 dix mille
100.000 cent mille
1.000.000 un million *miljō*

Mengenangaben

un litre *litr*		Liter
un livre *livr*		Pfund
cent grammes *ßā gram*		100 Gramm
un demi litre *dömi litr*		½ Liter
un kilo *kiloh*		Kilo

Zeitangaben

le jour *shur*		der Tag
la semaine *sömän*		die Woche
hier *jär*		gestern
demain *dömẽ*		morgen
ilundi *lẽdi*		Montag
mardi *mardi*		Dienstag
mercredi *märkredi*		Mittwoch
jeudi *shödi*		Donnerstag
vendredi *wẽdredi*		Freitag
samedi *samdi*		Samstag
dimanche *dimāsch*		Sonntag

Quel âge as-tu?   Wie alt bist du?
Käl ash a tü?
J'ai vingt ans.   Ich bin zwanzig Jahre alt.

A quelle heure? ?   Um wieviel Uhr?
A käl ör
A huit heures. *A üit ör.*   Um acht Uhr.

Französisches Wörterbuch

Wetter
L'orage *orash* — Gewitter
le verglas *wärgla* — Glatteis
le brouillard *brujar* — Nebel
le nord *nohr* — Norden
l'est *äßt* — Osten
la pluie *plüi* — Regen
le soleil *soläj* — Sonne
le sud *süd* — Süden
l'ouest *uest* — Westen
le vent *wā* — Wind
le nuage *nüash* — Wolke

Ortsangaben
à droite *a droat* — rechts
à gauche *a gosh* — links
tout droit *tudroa* — geradeaus
en haut *ẽ oh* — oben
en bas *ẽ ba* — unten
ici *ißi* — hier
là *la* — da
D'ou viens-tu? *Du wiê tü?* — Woher kommst Du?

Verkehrsschilder
ARRET INTERDIT — Halten verboten
ATTENTION — Achtung
CHAUSSEE DEFORMEE — schlechte Fahrbahn
DEVIATION — Umleitung
GRAVILLONS — Rollsplit
RALENTIR — Langsamer fahren!
SENS INTERDIT — Einbahnstraße
STATIONNEMENT INTERDIT — Parken verboten
VIRAGES — Kurvenreiche Strecke

Autofahren
Le plein, svp! *Lö plẽ, ßilwuplä* — Volltanken bitte!
Pourriez-vous verifier l'huile? *purie wu werifie lüil?* — Könnten Sie bitte das Öl überprüfen?
le service de dépannage — Abschleppdienst
l'axe — Achse
le démarreur — Anlasser
le tuyau d'échappement — Auspuff
la batterie — Batterie
les freins — Bremsen
la pression — Druck
les pièces de rechange — Ersatzteile
le défaut — Fehler
la vitesse — Gang
la carrosserie — Karosserie
la courroie — Keilriemen
le piston — Kolben
le radiateur — Kühler
l'embrayage — Kupplung
le volant — Lenkrad
le dynamo — Lichtmaschine
le moteur — Motor
l'huile — Öl
la vidange — Ölwechsel
la panne — Panne
la roue — Rad
le pneu — Reifen
réparer — reparieren
la phare — Scheinwerfer
l'amortisseur — Stoßdämpfer
le pare-chocs — Stoßstange
l'accident — Unfall
le carburateur — Vergaser
le cric — Wagenheber
les outils — Werkzeug
le pare-brise — Windschutzscheibe
la bougie — Zündkerze
le cylindre — Zylinder
putain de bagnole! — verdammte Karre! (kein Schulfranzösisch ...).

Ma voiture ne démarre pas. *Ma woatür nö demar pa.* — Mein Wagen springt nicht an.
Pourriez-vous me remorquer? *Purie wu mö römorke?* — Könnten Sie mich bitte abschleppen?

Übernachten
le camping *kāping* — Campingplatz
la douche *dusch* — Dusche
l'hôtel *otäl* — Hotel (nicht verwechseln mit hôtel de ville = Rathaus)
la clé *kle* — Schlüssel
la tente *tāt* — Zelt
la chambre *schābr* — Zimmer
camping à la ferme — Campen auf dem Bauernhof
Est-ce que vous avez une chambre libre? *Äß-kö wus-awe ün schābr libr?* — Haben Sie ein freies Zimmer?

Französisches Wörterbuch

Pour une personne ou pour deux personne? *Pur ün pärßon u pur dö pärßon?*	Für eine Person oder für zwei Personen?	supermarché L'addition svp *ladißjō*	Supermarkt Die Rechnung bitte!
Avec deux lits, svp. *Awäk dö li.*	Mit zwei Betten, bitte.	**Diverses**	
Avec un grand lit, svp. *Awäk ē grā li.*	Mit einem Franz. Bett.	Où sont les W.C., svp? *U ßō le weße ßilwuplä?*	Wo sind die Toiletten?
C'est combien? *ßä kōbiê?*	Wieviel kostet es?	occupé libre	besetzt frei
Je reste trois nuits. *Shö räst troa nüi.*	Ich bleibe drei Nächte.	Messieurs Dames	Männer Frauen
Où sont les lavabos /les prises? *U ßō le lawaboh/le pris?*	Wo sind die Waschbecken /die Stroman- schlüsse?	le papier hygiénique *lö papje ishiänik* les serviettes hygiéniques *le ßärwiät ishiänik*	Toilettenpapier Damenbinden

Geld, Post, Telefon

Polizei

Je voudrais changer 100 marks allemands. *Shö wudrä schāshe ßā mark almā.*	Ich würde gerne 100 Mark wech- seln.	Où est le com- missariat de police?	Wo ist die Polizei?
		On m'a volé mon... *ō ma wole mō...*	Man hat mir... gestohlen
Je voudrais encaisser ce chèque. *Shö wudrä ākäße ßö schäk.*	Ich möchte diesen Scheck einlösen.	Faire une déclaration au secours le passeport la validité	anzeigen Hilfe! Reisepaß Gültigkeit
l'argent *arshā* le chèque *schäk* payer *päje* la lettre la boîte aux lettres *boat*	Geld Scheck bezahlen Brief Briefkasten	**Krank sein** le médecin *medßê* la fracture *fraktür* vomir *wohmir* le rhume *rüm*	Arzt Bruch erbrechen Erkältung
le timbre *tēbre* la carte postale *kart poßtal*	Briefmarke Postkarte	la fièvre *fiäwr* la toux *tu* vacciner *wakßine*	Fieber Husten impfen
trois timbres à deux Francs, svp. *Troa tēbr a dö frā.*	Drei Briefmarken zu zwei Francs., bitte.	l'hôpital *opital* la douleur *dulör* les comprimés *cōprime*	Krankenhaus Schmerzen Tabletten
Où est le téléphone? *U ä lö telefon*	Wo ist das Telefon?	Ça suffit!	Jetzt reicht's!

Einkaufen

Ça coûte combien? *ßa kut kōbjē?*	Wieviel kostet das?
la pharmacie	Apotheke
la boulangerie	Bäckerei
la pâtisserie	Konditorei
l'épicerie	Lebensmittel- geschäft
la boucherie	Metzgerei

Bei unserem kleinen Sprachführer haben wir uns stark orientiert am Kauder- welsch Band 40 Französisch Wort für Wort von Gabriele Kalmbach aus dem Reise Know-How Verlag Peter Rump (14,80 DM). Ihr Buchhändler kann Ihnen auch die empfehlenswerte Begleitkasset- te (ebenfalls 14,80 DM) besorgen.

Bonne chance! *Bon schāß!* Viel Erfolg!

In eigener Sache
Liebe Leserinnen und Leser!

Die Buchreihe Geländewagen Touren ist speziell für Sie als Offroader konzipiert, und deshalb ist es für uns wichtig, Ihre Meinung zu hören. Schreiben Sie uns also Ihre Erfahrungen mit diesem Reiseführer. Geben Sie uns Anregungen und äußern Sie Ihre Verbesserungsvorschläge – wir freuen uns über jeden Brief (an: Theo Gerstl, Riesenburgstraße 60, D-81249 München).

Und noch ein zweite Bitte: Sollte jemand aus Ihrem Bekanntenkreis ebenfalls an diesem Buch Gefallen gefunden haben, dann kopieren Sie ihm doch diese Seite. Er kann sein eigenes Exemplar von Geländewagen Touren Band 1, Band 2 und Band 3 mit dem unten stehenden Bestellschein anfordern.

BESTELLADRESSE

Theo Gerstl
Riesenburgstraße 60
D-81249 München
Bestellfax: **0 89 / 87 50 18**
e-Mail: tourenbuch@aol.com

Hiermit bestelle ich: **Geländewagen Touren**

____ Expl.	Band 1: Italiens Ostalpen		je 34,80 DM / 17,79 €
____ Expl.	Band 2: Frankreichs Alpen		je 39,80 DM / 20,34 €
____ Expl.	Band 3: Slowenien und Istrien		je 34,80 DM / 17,79 €
zzgl. Versandkostenanteil		Inland:	4,50 DM / 2,30 €
		Ausland:	12,00 DM / 6,14 €

Gesamtpreis: _____

Name: _____

Straße: _____   PLZ/Wohnort: _____

Datum: _____   Unterschrift: _____

Kurzinfos

Wo gibt's Informationen?

Hautes-Alpes / Alpes-de-Haute-Provence

Städte:
Wo liegt die höchste Stadt Europas? In den französischen Südalpen. Auf 1.326 m thront **Briançon**. Fast ein Drittel der Einwohner der Hautes-Alpes lebt in der Hauptstadt Gap: 35.000 Menschen wohnen rund um die Place Jean Marcellin, den Kern der Altstadt mit der Cathédrale Notre-Dame, Hôtel de Ville mit Glockenturm und der Kaserne Desmichels. Im Nordwesten der Stadt liegt auf tausend Metern die Domaine de Charance, ein Park mit Wiesen und Wald. Das Nationale Botanische Konservatorium sammelt und erforscht hier die Pflanzenwelt der Alpen. Es gibt Führungen durch die Rosensammlung (1.500 verschiedene Arten). Der Parc National des Ecrins hingegen informiert über seinen Bestand an Gemsen: Tel. 00 33 / 04/92 52 56 56 (Office de Tourisme in Gap).

Am Ufer der Durance schmiegt sich das Städtchen **Sisteron** eng an die Felsen, überragt von einer mächtigen Zitadelle. Mittwochs und samstags herrscht rund um die Kathedrale mit ihrem lombardischen Portal reges Markttreiben.

Laragne-Monteglin liegt im Tal des Buech, 40 Kilometer südwestlich von Gap, 150 Kilometer nordöstlich von Avignon. Die viertgrößte Stadt des Departements ist in der dritten Septemberwoche mit dem Petanque-Turnier Criterium Zentrum der Boule-Spieler Südfrankreichs. Wichtige Adresse für Drachen- und Gleitschirmflieger ist das Verkehrsbüro: Syndicat d'Initiative du Laragnais, Place des Aires, 05300 Laragne, Tel. 00 33 / 04 / 92 65 09 38.

Embrun war schon Siedlungsplatz der Römer. Im Mittelalter pilgerten Gläubige nach Embrun, um bei der wundertätigen Madonna Heilung zu suchen, heute tummeln sich Wassersportler an dem Anfang der 60er Jahre erbauten Stausee von Serre-Ponçon. Auf der Durance, die sich im Frühjahr sehr wild gebärdet, kommen Rafter auf ihre Kosten.

Wandern:
In einem Dorf bietet die Käserei Leckereien, an anderer Stelle lockt der Imker mit Honig, der Metzger mit Pasteten und luftgetrockneten Würsten. Um die Kalorien abzuarbeiten, wird von einem zum anderen gewandert. Im Verkehrsamt von Embrun gibt es eine entsprechende Broschüre mit Routenbeschreibung und Hinweisen, wo probiert werden kann. Office de Tourisme de l'Embrunais, Place Général Dosse, F- 05202 Embrun, Tel. 00 33 / 04 / 92 43 72 72.

Route des Grandes Alpes

2.645 Meter über dem Meeresspiegel bildet der Col du Galibier das Tor zu den französischen Südalpen. 1911 radelten die Teilnehmer der „Tour de France" den mörderischen Anstieg hinauf zum Galibier. Bereits 1909 hatte der „Touring Club de France"

189

Kurzinfos

mit dem Projekt „Route des Grandes Alpes" begonnen. Vier Jahre später startete der erste Autobus vom Genfer See nach Menton ans Mittelmeer. Er war fünf Tage unterwegs.

Den Vorläufer der Hochalpenstraße hinauf zum Col d'Izoard wurde vom Militär ausgebaut. 16 Verteidigungsbastionen sitzen heute noch auf jeder Bergkuppe rund um die Stadt Briançon, entworfen vom Baumeister des Sonnenkönigs Ludwig XIV Sébastien le Prestre de Vauban (1633–1707). Auch unten im Tal der Guil, an der Kreuzung der Départementstraßen 902/947 war Vauban am Werk. Er baute die mittelalterliche Festung 1692 zu einer Trutzburg aus. Erst 1967 gab die französische Armee das Fort auf. Queyras übrigens rühmt sich, die höchstgelegene Gemeinde Europas zu sein: immerhin 2.040 Meter! Gegenüber, auf dem Col Agnel, kündet eine Gedenktafel von berühmten Passanten. Hier zogen Hannibals 37 Elefanten (und 38.000 Mann) ebenso vorbei wie zweihundert Jahre später Cäsars Armee. Höher als zum Agnel-Paß geht's dann nicht mehr auf der „Route des Grandes Alpes".

Die Straße führt durch insgesamt sechs Départements, drei Nationalparks (Vanoise, Ecrins, Marcantour) und verlockt zu kleinen Abstechern. Zum Beispiel in den regionalen Naturschutzpark Queyras oder in das Tal der Ubaye bei Barcelonnette. Die höchsten befahrbaren Pässe sind der Col du Galibier (2.645 m), Col du Lautarat (2.058 m), Col de Granon (2.413 m), Col d'Izoard (2.360 m), Col Agnel (2.744 m), Col de Vars (2.111 m) und der Col de la Cayolle (2.326m).

Als Napoléon von seinem Exil auf Elba zurückkehrte, durchquerte er die Region Hochprovence/Südalpen Richtung Grénoble. Mit einer Spende des Kaisers hat das Département Hautes-Alpes zwischen 1856 und 1858 sechs Schutzhütten auf die Alpenpässe bauen lassen. Das Haus am Col Agnel wurde bereits vor 1940 von einer Lawine zerstört, die Refuge auf dem Col de la Croix hat man im Zweiten Weltkrieg vernichtet. Bis zur Privatisierung 1977 wurden die verbliebenen Herbergen vom lokalen Straßenbauamt betrieben. Noch heute sind diese Hütten beliebte Unterkünfte für Wanderer.

Ecrins-Nationalpark:

Der 100.000 ha große Nationalpark Les Ecrins, Frankreichs größter Nationalpark, bildet mit seinen 100 Gipfeln über 3.000 eine großartige Kulisse für Wanderer. Auf über 1.000 km Wanderwegen läßt sich die geschützte Natur entdecken. Drei große Fernwanderwege (GR 54, GR 541 und GR 50) durchqueren les Ecrins. Das Gebiet ist in sieben Sektoren unterteilt: Embrun, Champsaur, Valgaudemar, Valbonnais, Oisans, Briançon und Vallouise gruppieren sich um das Ecrins-Massiv mit seinem 4.103 m hohen Gipfel. In jedem Sektor ist ein „Maison du Park" eingerichtet mit Info-Material in reicher Auswahl. Gut gemacht sind die Wandertips „Promenades", die für jedes Gebiet aufliegen.
Auskünfte erteilt das Office de Tourisme du Champsaur-Valgaudemar, F-05500 La Fare, Tel. 00 33 / 04 / 92 50 08 01.

Naturschutzpark Queyras:

Im Naturschutzpark Queyras haben sich sieben Gemeinden (Molines,

Kurzinfos

Arvieux, Château Ville-Vieille, Abriès, Aiquilles, Saint-Véran und Ristolas) zusammengeschlossen. Die 526 Quadratkilometer zwischen Briançon im Norden und Guillestre an der italienischen Grenze sind eine landschaftlich geschlossene Einheit, im Winter nur von einer einzigen Straße von Guillestre aus erreichbar. Informationen: Maison du Queyras in Aiquilles, Tel. 00 33 / 04 / 92 46 76 18, Fax 00 33 / 04 / 92 46 81 44.

Geologischer Naturschutzpark der Hochprovence:
Sehr gut ausgeschildert ist der Weg zu den schönsten Versteinerungen im Tal des Bès-Flusses. Auf rund 15 Kilometern sind neben der Straße Ammonitenplatten, Vogelfußabdrücke oder Pflanzenversteinerungen zu sehen. Eine zweite Rundfahrt ist in Barrème, rund 30 km südlich von Digne, ausgewiesen. Informationen: Centre de Géologie, Quartier Saint-Benoît, 04000 Digne-les-Bains, Tel. 00 33 / 04 /92 31 51 31.

Camping:
Die Broschüre Camping, Région Provence-Alpes, Côte d'Azur, listet auf über 70 Seiten alle Campingplätze mit Anschriften und Preisen auf. Erhältlich beim Franz. Verkehrsamt oder direkt beim Comité Régional de Tourisme Provence-Alpes-Côte d'Azur, Espace Colbert 14, rue Sainte Barbe, 13231 Marseille Cedex 01, Tel. 00 33 / 04 / 91 39 38 00, Fax 00 33 / 04 / 91 56 66 61.

Informationen:
In Deutschland:
Maison de la France, Französisches Fremdenverkehrsamt, Westendstr. 47, 60325 Frankfurt / Main, Tel. 0 69 / 7 56 08 30, Fax 0 69 / 75 21 87.

In der Hochprovence und in den Südalpen:
Comité Départemental du Tourisme et des Loisirs des Alpes de Haute-Provence, 19, rue du Docteur Honnorat, B. P. 170, F-04005 Digne-les-Bains, Tel. 00 33 / 04 / 92 31 57 29, Fax 00 33 / 92 32 24 94.
Comité Départemental du Tourisme des Hautes-Alpes, 5, rue Capitaine de Bresson, B. P. 46, F-05002 Gap Cédex, Tel. 00 33 / 92 53 62 00, Fax 00 33/04/ 92 53 31 60.

In Österreich:
Maison de la France, Hilton Center 259 C, Landstraßer Hauptstraße 2, A-1033 Wien, Tel. 0 22 22 / 75 70 62, Fax 02 22 / 7 15 70 61 10.

In der Schweiz:
Maison de la France, Löwenstr. 59, CH-8023 Zürich, Tel. 01 / 2 21 35 61, Fax 01 / 2 12 16 44.

Neue Telefonvorwahlen in Frankreich

„Allô, allô!" Kein Anschluß unter der im Reiseführer genannten Nummer? Im Oktober 1996 änderte sich in ganz Frankreich die Telefon-Vorwahl. Je nach Region gilt zusätzlich 01, 02, 03, 04 oder 05.
Für die Auvergne, Rhônes-Alpes, Provence-Alpes-Côte d'Azur, Corse und Languedoc-Roussillion, also die im Buch beschriebene Gegend, ist (nach der 00 33 für Frankreich) 04 zu wählen und dann erst die bisherige regionale Vorwahl.